# OBSERVATIONS

SUR LA PRIORITÉ A ACCORDER

# A PONDICHÉRY

POUR L'ÉTABLISSEMENT

**D'UN CHEMIN DE FER**

Paris. — Typographie Walder, rue Bonaparte, 44.

# OBSERVATIONS

SUR LA

PRIORITÉ A ACCORDER

A

# PONDICHÉRY



POUR L'ÉTABLISSEMENT

D'UN

## CHEMIN DE FER

PARIS

AU BUREAU DE LA REVUE DU MONDE
**Colonial, Asiatique et Américain**

3, RUE CHRISTINE, 3

1864

# INTRODUCTION

Depuis quelques années le gouvernement anglais poursuit avec activité l'achèvement des grandes voies ferrées qui doivent relier entre elles les capitales des trois Présidences de l'Inde. Ces voies nouvelles de communication, en développant les richesses immenses de ce pays, ouvriront des débouchés faciles et centraliseront toutes les affaires dans quelques villes importantes, soit par leur position, soit par l'extension de leur crédit et de leurs moyens d'action. Les établissements français enveloppés dans le territoire anglais ne peuvent, à peine de déchoir et d'être isolés, demeurer étrangers à ce grand mouvement, d'où doit dépendre soit le maintien, soit la ruine de leur fortune. Ces établissements ont jusqu'à ce jour, joui d'une grande prospérité qui s'est accrue sous l'administration intelligente et libérale des gouverneurs qui s'y sont succédés depuis la reprise de possession. Pondichéry est, soit à cause de son passé glorieux, soit à cause de l'importance de son commerce, la seule ville de l'Inde française dont le souvenir se soit conservé en Europe. Sa situation, la sécurité de sa rade, une des meilleures de la Présidence de Madras en ont fait depuis 1816, le centre du commerce français dans cette partie de l'Inde. Dans ces dix dernières années, son commerce d'exportation tant en France qu'à l'étranger s'est élevé à un chiffre qui dépasse cent millions, indépendamment de toutes les affaires que ses maisons de commerce ont négociées soit au Bengale, soit sur la côte d'Orixa, soit sur la côte Malabar. Ce commerce qui ne peut que s'accroître, ne cause aucun embarras, aucun souci à la métropole. L'Inde est une colonie qui fournit à nos colonies agricoles les travailleurs qui leur sont nécessaires pour la culture de la canne à sucre, qui constitue leur seule richesse.

Les établissements français sur la côte de Coromandel forment donc une colonie florissante qui pourvoit à toutes ses dépenses, qui ne coûte rien à la métropole, qui lui fournit même un contingent annuel de 322,000 francs, et qui nonobstant la rivalité puissante du commerce anglais, a su conserver et augmenter le commerce français dans ces mers. Or c'est cette situation commerciale actuellement prospère que le projet de chemin de fer soumis maintenant au gouvernement, a pour but de maintenir et d'accroître. S'il est certain d'un côté que le commerce français prendra un puissant essor par l'ouverture d'une voie ferrée, qui mettra Pondichéry en communication avec le centre de la Présidence et avec l'Inde entière, il n'est pas moins certain d'un autre côté que ce commerce sera à jamais perdu et se déplacera si ce chemin de fer n'est pas construit.

Il s'agit pour Pondichéry de conserver cette importance commerciale qui en fait, grâce à la bonne administration du gouvernement et à l'activité de ses habitants, une des villes les plus belles de l'Inde et un des centres d'affaires les plus considérables de la Présidence de Madras. Dans une discussion récente au Corps Législatif, des orateurs aussi distingués par leur éloquence que par leur connaissance des intérêts lointains de la France, ont proclamé cette vérité, que nous affirmons avec eux, que Pondichéry est avec Saigon les deux points des mers des Indes où s'exerce, à l'exclusion de tous autres, l'influence commerciale de la France. La question intéresse donc tout le commerce français : elle n'est pas, comme on l'a dit, une question de localité : il s'agit pour Pondichéry de continuer à vivre, ou de mourir et pour le commerce français en général de se développer par des relations sûres et faciles à l'abri de notre pavillon, ou de se retirer à l'abri du pavillon étranger.

Il est certain que le Ministre habile qui dirige les colonies et dont la haute sollicitude s'étend à tout ce qui intéresse leur prospérité, ne laissera pas un tel résultat se produire et qu'il préservera le commerce français dans l'Inde d'une ruine imminente, en accueillant favorablement le projet d'un chemin de fer pour Pondichéry.

---

# CHEMIN DE FER

DE

# PONDICHÉRY AU MADRAS RAILWAY

La nécessité de la construction d'un chemin de fer reliant l'une ou l'autre de nos deux principales possessions dans la Présidence de Madras au réseau des chemins de fer anglais, a été sentie par le Gouvernement de la métropole et par celui de la colonie. C'est en effet, comme on l'a dit, une question de vie ou de mort pour nos Établissements; un intérêt plus grand, celui du commerce français, se rattache à cette question. Si, dès le principe, l'établissement d'une voie ferrée n'a pas été contesté, il faut reconnaître que le point de départ et d'attache de la ligne a soulevé de graves contestations, a éveillé des intérêts qui paraissent opposés et a suscité des débats qui ne sont pas encore supprimés et sur lesquels le Gouvernement de la colonie doit se prononcer maintenant d'une manière définitive. C'est à lui qu'il appartient, d'après la législation organique et en l'absence d'un conseil général supprimé en 1848 et non encore rétabli, de déclarer si les fonds de la colonie doivent être engagés dans cette entreprise et auquel des projets qui lui sont soumis, ils seront tout d'abord appliqués.

Lorsque la question du chemin de fer s'agita pour la première fois, il y a quatre ans, le Gouvernement songea tout d'abord à rattacher Pondichéry, le chef-lieu de nos Établissements, aux voies ferrées anglaises, il comprenait que Pondichéry, par sa situation géographique, par l'importance de son commerce avec la métropole, par ses relations commerciales parfaitement établies, par le crédit dont jouissent ses maisons de commerce, devait avoir la préférence et la priorité ? Les seules difficultés qui arrêtèrent les dispositions équitables et bienveillantes du département de la marine, furent l'élévation des dépenses d'une voie ferrée, d'un développement de plus de cent milles. Il paraissait impossible de surmonter cet obstacle et d'obtenir, soit à l'aide des fonds de la colonie, soit à l'aide de ceux de la métropole, une garantie d'intérêts, ou une subvention pour la compagnie qui se formerait. Cette raison fit ajourner jusqu'à des circonstances plus favorables l'établissement d'un chemin de fer à Pondichéry. On objectait en outre les difficultés que le gouvernement anglais opposerait à la construction d'une ligne partant de Pondichéry, Quoi qu'il en soit de ces objections que nous aurons à examiner plus tard, l'intention première du Gouvernement français était de doter le chef-lieu de nos Établissements d'un chemin de fer, elle ressort d'une manière manifeste de la correspondance échangée à cet égard.

Dans ces circonstances le Gouvernement qui pensait qu'un chemin de fer n'était pas actuellement possible pour Pondichéry, songea à relier Karikal par Négapatam ou tout autre point au réseau des chemins de fer de la Présidence, il lui paraissait que cette ligne qui n'aurait pas au maximum, une longueur de vingt milles, répondrait d'une manière suffisante au but qu'il se proposait, à savoir de faciliter et de développer le commerce de la colonie et de la métropole. Une compagnie se forma en France pour l'exécution de ce projet, sous la direction de M. Worms; elle demanda une garantie d'intérêts de 6 0/0, formant au total une somme de 300,000 francs qui devait être prélevée sur le budget de l'Inde. Son Excellence le Ministre accueillit cette proposition et, sur un rapport qui lui fut adressé, donna son approbation à l'établissement d'un chemin de fer, partant de Karikal, tout en réservant au Gouvernement de la colonie la votation des fonds destinés à la garantie demandée.

Le Gouvernement de la colonie a été déjà deux fois consulté sur cette question, et la majorité du conseil représentant le conseil général s'est prononcée ouvertement contre l'établissement d'un chemin de fer à Karikal, réclamant cet avantage pour Pondichéry. Tant que ce vote sur la garantie d'intérêts n'aura pas été émis, la question n'est pas tranchée d'une manière définitive, et peut être soumise à une discussion nouvelle. Les négociants de Pondichéry et quelques notables habitants pleins de confiance dans la haute sagesse de l'Empereur et dans la sollicitude qu'il a toujours manifestée pour toutes les parties de son Empire, même les plus éloignées, se sont constitués en comité à l'effet d'examiner cette importante question de laquelle dépend ou la ruine ou la prospérité de cette colonie, et de rechercher quelle en sera la meilleure solution. Après quatre mois d'études et de recherches, nous soumettons enfin au Gouvernement de la colonie le résultat de nos premières études. Nous espérons que, dans sa bienveillance, la connaissance approfondie qu'il a des besoins et des véritables intérêts de ce pays, lui fera accueillir favorablement les réponses que nous faisons à toutes les objections et les motifs de décision que nous donnons en faveur de la priorité à accorder à Pondichéry. Déjà nous avons fait un grand pas vers la réalisation de notre projet. Le gouvernement anglais nous a autorisé dans des termes qui ont été pour nous, un puissant encouragement, à entreprendre les études préparatoires de divers tracés. Ainsi tombe cet épouvantail que l'on avait élevé, dans des documents officiels, contre le projet d'un chemin de fer à Pondichéry.

Nous reprenons la question à son début et nous allons examiner les objections qui ont été faites à notre projet et donner ensuite les principales raisons qui militent en faveur de la priorité à accorder à Pondichéry.

Les motifs qui paraissent avoir déterminé le Gouvernement de la métropole à ajourner tout projet de chemin de fer de Pondichéry au Madras railway se résument ainsi : 1° élévation de la dépense de construction (30 à 40 millions de francs) et impossibilité dès lors pour la colonie de fournir, soit une subvention, soit une garantie d'intérêts à la compagnie qui se formerait; 2° qu'il est indifférent au commerce français, que son développement se manifeste dans un de nos ports de l'Inde, plutôt que dans l'autre.

1° Il est évident que les renseignements qui ont été fournis à Son Excellence le Ministre, sur le prix de construction du chemin de fer de Pondichéry étaient alors exagérés et sont maintenant erronés, que l'évaluation faite sur le prix de revient des chemins de fer de première classe de la Péninsule n'est point en rapport avec les études préliminaires qui ont été faites par le comité et dont le détail se trouvera au cours de ce mémoire. A l'époque où le conseil d'administration de la colonie s'occupait de cette question du chemin de fer, il lui avait échappé, ainsi qu'aux notables habitants de Pondichéry, qui poursuivaient la réalisation de ce projet, qu'il n'était pas indispensable d'établir une voie ferrée de première classe; qu'une voie ferrée sur laquelle des locomotives d'un poids et d'une force de traction moins grand seraient employées, suffirait aux besoins du commerce français dans l'Inde; qu'une voie ferrée de cette nature ne coûterait pas plus de 80,000 francs le mille anglais, soit pour 106 milles, 8,460,000 fr. ou 9,000,000 au maximum, en comprenant dépenses de matériel, ouvrages d'art, et bénéfices de l'entreprise. L'expérience a démontré que ces lignes ferrées, connues dans l'Inde sous le nom de Light-Railway, sont d'une exécution facile, peu coûteuse et rendent d'utiles services. Il paraît que l'idée de l'établissement des Light-Railway a été conçue par un ingénieur de l'Inde. La première ligne qui a été construite au Bengale par M. Wilson, reliant la grande ligne de l'East-Indian-Railway de Nulhatty à Jeagung, a une longueur de vingt-sept milles. Les bénéfices qu'elle devra rapporter à la compagnie sont évalués à 30 0/0 par an. Les dépenses pour l'établissement de cette voie se sont élevés à 19,000 roupies par mille (47,900 francs). Il est vrai que la Compagnie n'a pas eu à établir la chaussée, le chemin de fer étant placé sur une route déjà construite. Un autre ingénieur du Bengale, M. Temple, a formé le projet d'établir une ligne d'un Light-Railway, dans l'Inde centrale entre Nagpore et Raepore, sur une longueur de 170 milles. Le coût du mille est évalué, par cet ingénieur, à 35,000 roupies (soit 87,500 fr.), en y comprenant l'établissement de la route. La différence entre les prix fixés par M. Wilson et M. Temple, outre la raison donnée, tient à cette particularité que le matériel sur le Light-Railway du premier, ne peut circuler sur les chemins de fer de première classe, tandis que le matériel employé par l'autre, circule sur les grandes voies. Ainsi l'objection unique qui ait été faite au chemin de fer de Pondichéry, disparait devant les documents nouveaux et les évaluations que nous donnons et qui sont conformes à celles fournies par les ingénieurs anglais.

2° Est-il vrai qu'il soit indifférent pour le commerce français que son développement se manifeste dans un de nos deux petits ports de l'Inde, plutôt que dans l'autre? Le commerce dans l'Inde ne se déplace pas : il y a quelques centres où se traitent et où se traiteront toujours toutes les affaires avec l'Europe; les autres points ne sont que des comptoirs où l'on exécute les ordres qui émanent des maisons qui sont au centre de chaque Présidence. C'est ainsi que dans l'Inde, le commerce se centralise pour l'Angleterre à Calcutta, Madras et Bombay et pour la France à Pondichéry. Hors de ces villes, il n'y a pas de maisons de commerce formées par des Européens faisant un commerce en dehors de l'action de celles qui sont établies au chef-lieu. La plupart des négociants établis dans les ports le long de la côte, sont les agents salariés, ou les commissionnaires des maisons de Madras ou de Pondichéry. En outre, le commerce pour l'Europe s'arrête à Pondichéry : nous sommes dans cette partie de l'Inde le dernier centre d'affaires avec l'Europe. Tous les ports du Sud n'ont qu'un commerce local, c'est-à-dire d'Inde en Inde, avec Ceylan, Singapore, Malacca. Les documents statistiques que nous allons fournir, puisés dans les Publics-Records du Gouvernement de Madras, achèveront de démontrer ce que nous avançons.

Le compte rendu du commerce de Madras pour l'année 1862 à 1863, constate que les importations dans les divers ports de la Présidence, se sont réparties ainsi :

(*Voir le tableau ci-contre.*)

| | ANGLETERRE. | CALCUTTA. | PORTS FRANÇAIS DE L'INDE. |
|---|---|---|---|
| GANJAM. | 7,474 roupies (18,685 francs). | 19,148 roupies (47,870 fr.). | 28,244 roupies (70,610 francs). |
| VIZAGAPATAM. | 6,221 roupies (15,552 francs). | 98,539 roupies (246, 347 fr.). | 855,593 roupies (2,138,982 fr.). |
| GODAVERY. | 6,768 roupies (16,920 francs). | 445,750 roupies (1,124,375 fr.) | 202,806 roupies (507,015 fr.). |
| KRISHNA. | 3,894 roupies (9,735 francs). | 6,677 roupies 16,692 fr.). | 382,439 roupies (956,097 fr.). |
| FORT S^t-GEORGES (1). | March. : 11,598,138 r^s (28,995,534 fr.)<br>Num. : 6,798,189 r^s (16,995,472 fr.) | | De France.<br>March. : 449,062 r^s (1,122,655 fr.)<br>Num. : 1,947,239 r^s (4,868,097 fr.) |
| PANJORE (2). | | | |

NOTA. — La roupie vaut 2 fr. 40 et dans le commerce elle compte pour 2 fr. 50.

(1) Le commerce total d'importation pour le fort Saint-Georges ou Madras s'élève à 19,377,667 roupies (48,444,167 fr.) en marchandises, et 19,871,160 roupies (49,677,900 francs) en numéraire, ou total : 39,248,827 roupies (98,122,067 francs).

(2) Les importations faites dans le Tanjore viennent en majeure partie de Ceylan et de Singapore dans la proportion suivante :
1° Ceylan. March. : 900,365 roupies (2,250,912 francs) ; numér. : 1,010,500 roupies (2,526,375 francs) ;
2° Singapore. March. : 252,625 roupies (631,562 francs) ; numér. : 24,000 roupies (60,000 francs).
Les ports français de l'Inde n'ont importé que 12,171 roupies (30,427 francs) de marchandises.

Ces chiffres établissent que le commerce d'importation d'Angleterre dans la Présidence de Madras se fait entièrement par le port de Madras, et que les autres points du littoral ne font pas d'affaires importantes directement avec l'Europe : que la plupart ne reçoivent leurs produits que des ports voisins. Les marchandises qui arrivent ainsi au chef-lieu de la Présidence, se répandent par les chemins de fer et les autres voies de communication dans l'intérieur du pays.

Si nous passons au commerce d'exportation, nous trouverons le même résultat. Nous reprenons les ports de la côte dans l'ordre précédent. Le commerce d'exportation pour l'année 1862-1863 s'est élevé pour la Présidence au chiffre total de 69,749,541 roupies (174,373,852 francs), dont 63,551,818 rs (158,877,545 fr.) de marchandises.

Répartis comme suit :

*Ganjam.* — 1,085,510 rs (2,713,775 fr.), dont 569,016 rs (1,422,540 fr.) avec l'Angleterre et 334,510 rs (836,275 fr.) avec la France.

*Vizagapatam.*—2,082,276 rs (5,205,690 fr.), dont 666,490 rs (1,666,225 fr.) avec l'Angleterre et 770,669 rs (1,927,422 fr.) avec la France.

*Godavery.* — 2,883,753 rs (7,209,382 fr.), dont 405,615 rs (1,014,037 fr.) avec l'Angleterre et 1,173,198 rs (2,932,995 fr.) avec la France. Ce sont les districts producteurs de Sésame.

*Histna.* — 1,038,903 rs (2,597,257 fr.), les 8/10e des produits de ce district se portent à Calcutta.

*Fort-Saint-Georges.* — 21,422,199 rs (53,555,497 fr.) de marchandises, dont 17,999,898 rs (44,999,745 fr.) pour l'Angleterre et 1,094,307 rs (2,735, 767 fr.) pour la France.

Les principaux produits exportés de ce port sont les cotons pour une somme de 10,411,186 rs (26,027,965 fr.), les indigos pour une somme de 4,546,880 rs (11,367,200 fr.), les peaux pour une somme de 1,046,530 rs (2,616,325 fr.), les cafés pour une somme de 265,538 rs (663,845 fr.) expédiés en Angleterre. La France a exporté des cafés pour une somme de 536,920 rs (1,342,300 fr.), des cotons pour 336,518 rs (841,295 fr.), et de l'indigo pour une somme de 171,119 rs (427,795 fr.). La plupart de ces produits sont tirés, les cafés de Salem ou de Mysore, les indigos de Cuddapah et des districts avoisinant Madras et les cotons de la plupart des districts sud et ouest de la Présidence, à l'exception de Tanjore.

*South Arcot.* — 871,005 rs (2,177,512 fr.), dont 549,227 rs 1,373,067 fr.) pour l'Angleterre. Les marchandises que la France tire de ce district sont embarquées à Pondichéry. A ce port s'arrête le commerce d'exportation avec l'Europe; comme nous aurons occasion de l'établir ultérieurement.

Ainsi, pour le commerce d'exportation comme pour celui d'importation le commerce anglais, est, sur la côte Coromandel centralisé à Madras.

Ce qui est vrai pour le commerce anglais l'est également pour le commerce français. En effet, en consultant les statistiques officielles du commerce de Karikal et de Pondichéry, de 1852 à 1862, les importations de France à Pondichéry se sont élevées au chiffre minime, il est vrai, de 2,661,987 fr., tandis que, qu'à Karikal, durant le même laps de temps elles ne se sont élevées qu'à la somme de 295,318 fr., dans laquelle somme les machines destinées à l'usine Sainte-Anne, figurent pour 129,000 fr.

Ainsi, le commerce d'importation de la France avec les établissements de l'Inde se fait à Pondichéry.

Le chiffre total pour ces dix années des exportations de Pondichéry pour la France, s'est élevé à 49,645,404 francs, tandis que le chiffre total des exportations de Karikal pour la France, ne s'est élevé durant le même temps qu'au chiffre de 2,269,100 fr. Les chiffres que nous donnons sont extraits des documents officiels.

On peut donc affirmer que Pondichéry est le centre des affaires commerciales françaises dans l'Inde.

D'après les documents, on peut se convaincre qu'il n'est pas indifférent que l'un ou l'autre ne nos ports soit relié au réseau des chemins de fer anglais.

## COMMERCE FRANÇAIS DANS LA PRÉSIDENCE DE MADRAS. — COMMERCE DE PONDICHÉRY. — COMMERCE DE KARIKAL.

Le commerce de la France avec la Présidence s'opère surtout par les ports de Madras, Cocanadah, Bimlipatam sur le territoire anglais et Pondichéry dans nos établissements. On pourra juger de l'importance de commerce avec les ports anglais par le tableau suivant :

| | | |
|---|---|---|
| 1857-1858. | Importation. March. | : 244,612 r[s] (611,530 fr.). |
| | — Numér. | : 51,380 r[s] (128,450 fr.) |
| | Exportation. March. | : 4,509,062 r[s] (11,272,655 fr.). |

| | | |
|---|---|---|
| 1858-1859. | Importation. March. : | 603,887 rs (1,509,717 fr.). |
| | — Numér. : | 124,065 rs (310,162 fr.). |
| | Exportation. | 2,491,060 rs (6,227,650 fr.) |
| 1859-1860. | Importation. March. : | 333,684 rs (834,210 fr.). |
| | Exportation. | 2,345,884 rs (5,864,710 fr.). |
| 1860-1861. | Importation. March. : | 385,979 rs (964,947 fr.). |
| | Exportation. | 3,168,211 rs (7,920,527 fr.) |
| 1861-1862. | Importation. March. : | 289,296 rs (723,240 fr.) |
| | Numér. : | 669,118 rs (1,672,795 fr.) |
| | Exportation. | 5,125,165 rs (12,812,912 fr.) |
| 1862-1863. | Importation. March. : | 463,717 rs (1,159,292 fr.). |
| | Numér. : | 1,947,239 rs (4,868,097 fr.). |
| | Exportation. | 4,285,819 rs (10,714,547 fr.). |

Les produits principaux d'exportation sont : 1° les cafés; 2° l'indigo ; 3° les sésames; 4° les riz. Dans l'année 1861 et 1862 qui fournit le chiffre le plus élevé d'exportation, le commerce français a tiré de la Présidence 1,249,451 roupies (3,123,627 fr.). Dans l'année 1862-1863, le commerce français dans la Présidence a employé 14 navires venant de France directement dans les ports anglais et 58 navires venant de Pondichéry et de France dans les ports anglais.

Pondichéry est l'intermédiaire du commerce de la France avec les ports de la Présidence. C'est à Pondichéry qu'arrivent la plupart des navires français qui opèrent sur la côte: ils viennent y prendre des instructions, y traiter des affaires et se dirigent ensuite sur les divers ports anglais. On pourra en juger par le mouvement de la navigation.

| | Il est arrivé de France, dans les ports de | | |
|---|---|---|---|
| 1857-1858. | la Présidence. . . . . . . . . . . . . . . . | 22 | navires. |
| | de Pondichéry. . . . . . . . . . . . . . | 88 | — |
| 1858-1859. | de France . . . . . . . . . . . . . . . | 20 | — |
| | de Pondichéry . . . . . . . . . . . . . . | 97 | — |

| | | |
|---|---|---|
| 1860-1861. | de France . . . . . . . . . . . . . . . . . . | 12 navires. |
| | de Pondichéry . . . . . . . . . . . . . . . | 102 — |
| 1861-1862. | de France. . . . . . . . . . . . . . . . . . | 11 — |
| | de Pondichéry . . . . . . . . . . . . . . . | 61 — |
| 1862-1863. | de France . . . . . . . . . . . . . . . . . . | 14 — |
| | de Pondichéry. . . . . . . . . . . . . . . . | 58 — |

Afin d'achever d'établir qu'une partie du commerce de la France avec la Présidence s'opère, par l'intermédiaire des maisons de commerce de Pondichéry avec les divers points de la côte, nous allons donner le chiffre des importations en numéraire de notre ville avec les ports anglais.

Nous fournirons ces chiffres pour l'année 1862-1863.

Numéraire importé de Pondichéry dans les ports suivants :

| | |
|---|---|
| 1° Ganjam. . . . . | 10,000 rs (25,000 fr.); |
| 2° Vizagapatam. . | 96,525 rs (241,312 fr.); |
| 3° Godavery. . . . | 427,250 rs (1,068,125 fr.). |
| | 533,775 rs ou 1,334,437 fr. |

employés à l'achat de sésames ou de toiles écrues, destinées à la teinture (1).

Nous avons vu par les statistiques précédentes l'importance du commerce français dans les ports de la Présidence. Là ne se borne pas son action : la petite colonie de Pondichéry fait avec la métropole autant d'affaires que Madras et exporte une quantité aussi considérable de marchandises pour la France.

Le tableau statistique que nous donnons de ses exporta-

(1) NOTA. Le commerce de Pondichéry exporte une grande quantité de numéraire, dans les divers ports de la côte par l'intermédiaire de la banque de Madras.

tions de 1852 à 1862, comparé à celui de Karikal suffira pour établir la différence d'importance des deux ports.

| Pondichéry, exportat. p[r] la France. | | Karikal, d°. d°. |
|---|---|---|
| 1852 | 4,317,438 fr. | 375,157 fr. |
| 1853 | 5,404,875 | 332,080 |
| 1854 | 3,538,657 | 337,856 |
| 1855 | 4,774,296 | 70,840 |
| 1856 | 4,881,703 | 148,592 (1) |
| 1857 | 4,768,762 | 491,438 |
| 1858 | 4,094,796 | 76,950 |
| 1859 | 2,980,963 | 18,940 |
| 1860 | 2,575,475 | 128,940 |
| 1861 | 4,082,453 | 71,100 |
| 1862 | 5,197,886 | 236,145 |

Les exportations de Karikal pour la France ne consistent qu'en huiles de coco.

Si nous prenons l'ensemble du commerce de ces deux places durant les deux années 1861 et 1862, nous constaterons la même différence.

| | Pondichéry. | Karikal. |
|---|---|---|
| Exportation 1861. . | 10,840,796 fr. | 6,147,631 fr. |
| — 1862. . | 12,290,184 | 3,995,734 |

Pondichéry est sur la côte de Coromandel le dernier port qui fasse des affaires avec l'Europe. Tous les ports de Tanjore, où est situé Karikal, n'exportent aucune de leurs productions en Europe. Leur commerce principal et presque exclusif se fait avec Ceylan, Singapore, Penang.

(1) Nota. Après ce total des exportations, on trouve, dans la statistique de Karikal : pour Marseille et Bordeaux, 476,169 fr. par 11 navires. Nous n'avons pas l'explication de ce chiffre.

Afin de ne pas surcharger ce mémoire de chiffres, nous allons donner le tableau du commerce de Tanjore durant les années 1861-1862 et 1862-1863.

1861-1862. Valeur des exportations 2,997,816 roupies (7,494,540 fr.) 2,807,008 r[s] (7,017,520 fr.) à Ceylan. Sur le chiffre des exportations, les riz y sont portés pour 2,297,957 r[s] (5,744,892 fr.)

1862-1863. Total des exportations, 3,633,679 r[s] (9,084,197 f) dont 3,371,088 r[s] (8,427,720 fr,) à Ceylan; sur ce chiffre les riz y sont portés pour 2,612,820 r[s] (6,532,050 fr.)

Le commerce d'exportation de Karikal s'opère de la même manière. En 1861, sur le chiffre de 6,147,631 fr. d'exportation les denrées expédiés à Ceylan y figurent pour 3,736,210 et celles expédiées à Penang et Singapore pour 1,305,702.

En 1862, les exportations à Ceylan ont été de 1,520,473 et celles à Penang et Singapore de 1,086,747.

Il ressort de tous ces documents que Pondichéry est le seul port français qui fasse un commerce avec la France; que Karikal ne fait de commerce qu'avec les ports voisins et surtout Ceylan; que dès lors dans l'intérêt du commerce français lui-même, c'est à Pondichéry que le gouvernement doit établir d'abord la voie ferrée qui nous reliera aux chemins de fer anglais.

Est-ce à dire que si Pondichéry doit obtenir la priorité dans la concession de la construction d'un Railway, Karikal doit-être tenu à l'écart de ces grandes voies de communication? Non. La compagnie qui obtiendra le chemin de fer de Pondichéry, pourrait également se charger de l'établissement, soit d'un Light-Railway, soit d'un tramway de Karikal ou à Trivalour ou à Kivalour.

D'autres raisons militent encore en faveur de cette priorité à accorder à Pondichéry. Pondichéry possède de grands établissements industriels, trois filatures de coton, des teintureries où sont teintes ces toiles bleues si estimées au Sénégal, ces établissements, ces industries ne tarderaient pas à tomber dans une ruine complète, si cette ville n'étaient pas reliée avec les chemins de fer anglais. Les produits qui les alimentent comme toutes les autres marchandises aboutiraient aux centres commerciaux qui seraient desservis par des voies de communication rapides et faciles.

Pondichéry est admirablement situé pour servir de débouché aux denrées qui alimentent les marchés d'Europe. Nous avons vu que les marchandises qui constituent le grand mouvement des exportations sont les cotons, les cafés, les indigos. Les districts producteurs de ces denrées sont plus rapprochés de Pondichéry que de Karikal ; et leurs produits aboutiront nécessairement au port le plus rapproché de la côte, qui fait le commerce avec l'Europe, La plupart des cafés exportés pour la France ont été chargés à Madras. Ces cafés sont tirés principalement de Salem et du Mysore. Si nous étions relié à la grande ligne anglaise, il est certain, que les navires français seraient venus prendre ces marchandises à Pondichéry et que le commerce de cette ville aurait bénéficié des avantages qu'en a tiré celui de Madras.

Les cotons proviennent du Coïmbatour, du North Arcot, de Cuddapah, Bellary et Kurnoul et des districts qui avoisinent les voies ferrées. Les indigos sont tirés principalement de Cuddapah, du North Arcot et du South Arcot. Il est certain que la plupart de ces produits qui sont expédiés de Madras pour les ports de France, seraient embarqués à Pondichéry, si cette ville jouissait comme le chef-lieu de la Présidence, du bienfait d'une voie ferrée. Or tous ces districts à l'exception du Coïmbatour, sont plus rapprochés de Pondichéry que de Karikal.

En outre ce qui détermine et fixe surtout la nature du commerce d'une place, ce sont les denrées qui sont à sa proximité. Dans les districts qui entourent Pondichéry, on cultive des produits de tout genre, riz, coton, indigo. Dans le Tanjore, le riz est cultivé à l'exclusion de toute autre denrée. Ce pays parfaitement irrigué par les canaux dérivés du Çavery est le grenier de cette partie de l'Inde : Les riz forment sa richesse et par conséquent son commerce exclusif. Les Indiens très-soucieux de leurs intérêts n'abandonneront pas une culture qui fait leur fortune, pour se jeter dans les hasards de cultures nouvelles. D'ailleurs la nature du sol s'y opposerait. De plus le commerce de ce pays est entre les mains d'une vaste association de natifs, qui tiennent les cultivateurs pour les avances qu'ils leurs font sur les récoltes futures. Négapatam qui est le grand port du Tanjore ne renferme pas de maison de commerce établie par des Européens et en relation avec l'Europe.

Sous ce rapport encore, il est avantageux pour la France que Pondichéry soit relié avant Karikal aux chemins de fer Anglais.

Pondichéry est le port d'escale des paquebots des Messageries impériales. Dans le courant de l'année dernière, trois cents passagers venus de divers points de la Péninsule se sont embarqués à Pondichéry pour l'Europe. Dès que les moyens de communication avec l'intérieur seront plus faciles et surtout plus rapides, le nombre des voyageurs tendra à accroître.

Le chemin de fer de Karikal, n'aurait aucune utilité pour le développement du commerce de la métropole et deviendrait onéreux pour la colonie qui n'en tirerait aucun avantage. Trois projets ont été présentés : le 1er reliant Karikal à Négapatam par un chemin de fer côtier; le 2e le reliant à la grande ligne à Kivalour; le 3e, le reliant à Privalour. Le premier de ces projets qui paraît obtenir la préférence sur les autres à Karikal, a été écarté avec raison par le Gouvernement. Les deux autres qui rattacheraient cet établissement à la ligne, à un point éloigné de son terminus, offriraient, sous ce rapport plus d'avantage, s'ils devaient avoir pour résultat de développer les ressources du pays.

Le commerce de Karikal s'est élevé en 1861, en prenant ce renseignement dans la statistique de cette année pour l'exportation à 6,147,631,74 fr.; sur ce chiffre, 5,866,480,59 représentent la valeur des marchandises provenant de la colonie. La statistique qui entre dans les plus minimes détails montre que l'objet principal de ce commerce est le riz décortiqué pour une valeur de 2,275,370 fr. et le nelly ou riz non décortiqué pour une valeur de 309,221 fr. Ces produits sont exportés à l'étranger, soit à Ceylan ou dans les ports voisins. Il en est de même des toiles écrues qui figurent pour le chiffre de 2,793,600. Les huiles de coco qui sont portées pour une valeur de 247,600 fr. sont exportées, partie en Europe et partie à l'étranger.

La statistique commerciale de 1862 relève une diminution notable dans le commerce de Karikal. Le total des exportations ne s'élève qu'au chiffre de 3,995,734 fr. 30 c. Le riz et nelly y figurent pour le chiffre total des deux produits, pour la somme de 1,551,842 fr. et les huiles de coco pour la somme de 700,800 fr.

On peut conclure de ces dernières statistiques que les deux branches principales du commerce de Karikal, sont les huiles et les riz décortiqués et les nellys ou riz non décortiqués. Ces deux produits alimenteraient-ils le chemin de fer de manière à lui faire produire des bénéfices voire même à couvrir ses frais d'exploitation? Non. En effet, toutes les huiles qui sont exportées de cet établissement, sont fabriquées à Karikal même, ou dans les aldées voisines avec des copras tirés par mer de Ceylan ou d'autres points de la côte. Les riz qui sont produits dans l'établissement et qui forment la plus grande partie des exportations, arrivent au port de mer, dont ils sont peu éloignés soit par les routes et les rivières dont le pays est entrecoupé, et ceux qui sont tirés du dehors y arrivent par les rivières au moment de la crue des eaux. Est-il rationnel de penser que les riz qui trouvent par eau un débouché facile et peu coûteux, iraient chercher la voie ferrée pour y payer un plus haut prix? Bien plus une partie considérable de ces riz vient de l'ouest et n'aurait, par conséquent aucune raison ni aucun moyen de profiter du chemin de fer.

Le chemin de fer de Karikal inutile pour les transports des produits de l'établissement, ne trouverait donc pas dans les produits qui lui viendraient du dehors, un aliment suffisant pour couvrir ses dépenses.

On peut à ces raisons objecter qne le commerce prendra une grande activité, quand la ligne de Négapatam à Trichinopoly sera continuée jusqu'à Erode et s'embranchera sur la ligne South-West de Madras : qu'alors, Karikal mis en communication avec le grand réseau des chemins de fer indiens verra affluer dans son port les produits du Nord et du Sud, indigos, cafés, cotons qui s'embarqueraient autrement à Madras. D'abord les produits du Nord, c'est-à-dire, les indigos, les cotons s'arrêteront sur les points intermédiaires, tels que Madras ou Pondichéry, et ne parcoureront pas 200 milles pour aller chercher un port d'embarquement. La ligne du chemin de fer qui se dirige sur Bangalore, celle qui se dirige sur Bellary sont plus rapprochées de Madras ou de Pondichéry qu'elles ne le seront de Karikal : il suffit de jeter un coup d'œil sur la carte pour être convaincu de cette vérité. Dès lors il est impossible d'admettre que les produits du Mysore, des districts North-Arcot, de Cuddapah et Bellary-Salem, iront s'embarquer sur un point éloigné de la côte, quand ils trouvent des ports plus rapprochés où sont établies les maisons de commerce.

Karikal du reste ne pourra jamais lutter contre le commerce de Négapatam, qui est depuis longues années en possesion à peu près exclusive dn monopole d'exportation des produits du Tanjore. Négapatam est le terminus ou la tête de ligne du chemin de fer Great-Southern : il est peu probable que les produits se détourneront de leur route directe pour venir par un détour aboutir à Karikal. Des trois projets de tracé, qui sont présentés au Gouvernement, l'un celui de Négapatam à Karikal, ne couvrirait daus aucun cas ses frais : ce chemin de fer ne transporterait aucune marchandise et ne serait utile qu'à la circulation des voyageurs. Les deux antres tracés de Kivalour ou de Trivalour à Karikal ne détourneraient pas à leur profit les marchandises qui s'embarquent à Négapatam. Quelle serait en effet la raison qui les détournerait de la ligne droite pour leur faire parcourir une plus grande distance.

Le siège des maisons de commerce importantes du Tanjore est à Négapatam et Nagour ; Karikal n'est pour elles qu'un comptoir : Karikal offre une moindre facilité d'embarquement que Négapatam où les Anglais ont le projet de faire des travaux qui en faciliteront l'accès et qui développeront son commerce. La colonie française de l'Inde pourra-t-elle supporter pour Karikal de semblables dépenses ?

Karikal en outre, en admettant que le chemin de fer soit construit, n'aura qu'un embranchement d'une ligne qui s'embranche elle-même sur la grande ligne ferrée de la Présidence. Le projet de chemin de fer de Pondichéry, s'embranche au contraire directement sur la ligne principale, au centre des districts producteurs, à quelques milles de la jonction du chemin de fer du Mysore, d'où sont tirés les cafés, que les navires français vont charger à Madras.

Le commerce Européen, ainsi que nous l'avons établi, a ses centres d'affaires principaux à Madras et Pondichéry ; se déplacera-t-it pour s'établir au sud de la côte Coromandel ? il est difficile de l'admettre. En effet, depuis que Négapatam est tête de ligne d'une voie ferrée, aucune maison anglaise n'est venue s'y étabblir ; ses affaires n'ont pas changé de nature ou n'ont pas augmenté d'une manière sensible. Peut-on espérer que Karikal qui n'est qu'une dépendance commerciale de Négapatam, se trouvera dans une situation plus avantageuse, et fera avec l'Europe des affaires quand ce port voisin n'en fait aucune? Ce serait, nous le pensons, une espérance vaine. Si le commerce Français est obligé de se déplacer, il ira s'établir au centre des affaires avec l'Europe, c'est-à-dire à Madras. La France aura alors perdu dans l'Inde la seule place commerciale qu'elle y possède. Pondichéry sera à jamais ruiné et ne deviendra même plus un point d'escale pour les navires français; Karikal ne se sera pas enrichi et les fonds de la colonie seront engagés dans une entreprise malheureuse et sans utilité réelle pour le pays.

Quelle raison du reste d'abandonner une position avantageuse, un commerce dont les relations sont bien établies, et qui augmente de jour en jour, de quitter en un mot la première ville de nos établissements, la seconde ville de la côte Coromandel après Madras, au profit de Karikal où tout est à fonder : établissements commerciaux, crédit, relations commerciales, où l'on trouvera une concurrence insurmontable dans la ville de Négapatam.

Il nous reste pour terminer sur ce premier point, à répondre à une objection que l'établissement de Karikal fait à l'établissement de Pondichéry, à savoir que les ressources de son budget excédent ses dépenses, et qu'en définitive, la majeure partie des fonds qui seraient affectés à la garantie du chemin de fer qu'il demande, seraient prélevés sur ses propres revenus. En effet, si l'on ouvre le budget de la colonie pour l'année 1864, on trouve que les recettes de Karikal s'élèvent à 331,946 francs, et ses dépenses à 203,055, d'où un excédent de 128,891; les recettes de Pondichéry s'élèvent à 862,945 francs, et ses dépenses à 1,046,960, d'où un déficit de 183,615 francs. Si l'on s'arrêtait à ces totaux, le raisonnement de Karikal serait péremptoire; mais en examinant de plus près le budget, on remarque que toutes les dépenses générales auxquelles tous les établissements doivent contribuer, sont portées au budget des dépenses de l'établissement de Pondichéry. Ce sont des dépenses de souveraineté qui incombent à tous, auxquelles aucun des établissements ne peut se soustraire tant qu'ils ne formeront pas de colonies séparées. En voici la récapitulation approximative :

| | |
|---|---|
| Contingent à fournir à la métropole............ | 222,000 |
| Administration générale........................ | 131,742 |
| Contrôleur colonial............................ | 14,040 |
| Chef du service des contributions.............. | 10,080 |
| Conseil de santé............................... | 312 |
| Cour impériale................................. | 4,990 |
| Ingénieur en chef.............................. | 11,400 |
| Imprimerie..................................... | 8,820 |
| Bibliothèque publique.......................... | 1,550 |
| Interprète en chef du gouvernement............. | 1,200 |
| Grand dobachy du gouvernement.................. | 1,200 |
| Huissier du conseil............................ | 400 |
| Divers agents du gouvernement.................. | 960 |
| Frais de conduite, passage, etc................ | 20,176 |
| Hôtels du gouvernement ordi., procureur-général. | 7,400 |
| Contrôle....................................... | 500 |
| Préfet apostolique............................. | 500 |
| Secrétaire archiviste.......................... | 500 |
| Divers agents.................................. | 750<br>640 |
| Primes à l'étude des langues................... | 4,000 |
| Collége colonial............................... | 31,500 |
| Bourse au collége.............................. | 3,300 |
| Missions étrangères............................ | 3,000 |
| Dettes diverses................................ | 4,834 |

En retranchant de la somme 1,046,560 fr. cette somme de 448,808 fr., qui sont des dépenses de souveraineté, on réduit les dépenses de Pondichéry à la somme de 557,752 fr.

Si on répartit ces dépenses de souveraineté entre tous les

établissements, à raison de leur population et de leurs ressources, nous trouverons les résultats suivants :

| | |
|---|---|
| La moitié à Pondichéry........................ | 224,404 |
| Les dépenses indépendantes de celles de souveraineté.................................. | 557,752 |
| Total | 782,156 |

D'où une économie sur ses recettes de 80,789 fr.

Karikal étant l'établissement le plus populeux après Pondichéry, peut supporter le quart des dépenses totales de souveraineté, soit 112,202 fr., ce qui réduit en réalité ses ressources disponibles à 16,689 fr. Ce n'est pas, à coup sûr, avec cette somme qu'il garantira une compagnie de chemin de fer.

Nous ne nous sommes étendus sur ce point qu'afin de faire justice à l'aide du budget de prétentions qui ne tendent rien moins qu'à scinder les obligations des établissements les uns à l'égard des autres, à les isoler et à rendre leur administration égoïste. Autant vaudrait-il dire, poursuivant le raisonnement plus loin, que chaque aldée de notre territoire n'est tenue que de ses charges locales. Sous ce rapport encore, Pondichéry étant l'établissement le plus populeux et le plus riche, doit obtenir la priorité, parce que, pour raisonner comme Karikal, ses revenus entreront pour la plus grande part, dans les dépenses du chemin de fer.

Après avoir établi que Pondichéry aurait un droit incontestable à la priorité sur Karikal, alors même que l'administration jugerait que les ressources et la situation commerciales de ce dernier établissement comportent la dépense d'une ligne ferrée, il reste à démontrer que le mouvement dès à présent assuré sur la ligne de Pondichéry à Tripatore garantit pleinement le remboursement des dépenses d'intérêts et d'entretien que cette ligne entraînerait.

Le travail de M. Ducos de la Haille, joint à ce mémoire, établit par des chiffres incontestables, qu'un mouvement annuel de 56,775 tonneaux sur tout le parcours de la ligne, soit un mouvement quotidien de 155 tonneaux, aussi sur toute la ligne, suffirait pour faire face aux dépenses que nous venons d'indiquer, même en supposant que le mouvement actuel ne fût pas accru par la construction de la ligne et que le mouvement des passagers n'entre que pour 1/7 dans le mouvement général, au lieu d'y entrer pour la moitié, comme l'expérience a démontré que cela se produit sur le chemin de fer de Madras et sur celui de *Great Southern of India*.

Le comité manque d'éléments pour apprécier le mouvement de marchandises auquel les importations de notre établissement dans le pays (le sel excepté) donnerait lieu. Il lui semble, cependant, qu'on ne peut pas évaluer ce mouvement à moins de 3,000 tonneaux, surtout lorsque l'établissement d'une voie ferrée nous aura mis en communication avec l'intérieur de la contrée.

En calculant que ces 3,000 tonneaux ne parcourent pas, en moyenne, plus de 1/3 de la distance totale, on trouve de ce chef, pour l'ensemble du parcours un chiffre de ,000

auquel il faut ajouter le mouvement spécial et beaucoup plus considérable auquel donnerait lieu le transport du sel.

Pondichéry se trouvant eu égard à Madras, à une distance de Samulputty moindre d'un peu plus de 45 milles, tout le sel consommé par la majeure partie des districts du sud d'Arcot,

*A reporter*. . . 1,000

*Report*. . . 1,000

de Salem, de Coïmbatore et du Mysore sera naturellement tiré d'ici. On peut donc compter qu'une population d'au moins 4,000,000 d'âmes (les quatre districts réunis en renferment 5,500,000), tirera son sel de Pondichéry à raison de 18 liv. st. par tête et par an, minimum de la consommation du sel dans l'intérieur de l'Inde, ce serait un total de 72,000,000 de livres anglaises ou, au taux de 2,207 liv. st. par tonneau français 32,623 tonneaux qu'il y aurait lieu de transporter, et la majeure partie des populations auxquelles le sel serait destiné se trouvant aux environs ou au-delà de Tripatore, on peut calculer sans crainte d'erreur que ces 32,623 tonneaux parcourraient, en moyenne, les 2/3 de la ligne. C'est donc un chiffre de transports de 21,748 tonneaux, en moyenne, que l'on peut prévoir pour le parcours entier. 21,748

Soit en tout pour les importations 22,748

Les exportations se développeraient nécessairement dans une proportion plus forte que les importations, par suite du mouvement que la construction de la ligne amènerait. En ne prenant cependant que les chiffres dès à présent acquis, on trouve :

Que la ville consomme annuellement 48,869 tonneaux de marchandises et denrées diverses, dont 32,161 tonneaux lui arrivent par terre, ce qui donne, en prenant pour un parcours moyen d'un tiers de la distance seulement, 14,623 tonneaux pour la totalité de la ligne 14,623

Que les exportations de Pondichéry étaient évaluées en 1856, 1857, à un tonnage moyen de 15,300 tonneaux par an, et que ces exportations s'étant accrues depuis, on ne peut les fixer à moins de 16,000 tonneaux en chiffres ronds, aujourd'hui, soit, en supposant un parcours moyen des 2/3 de la distance, 10,666 tonneaux pour l'ensemble de cette ligne 10,666

Total général 48,037

Ce qui ne laisse que 8,738 tx. ou l'équivalent de 8,738 tx. à combler pour le mouvement des passagers et pour le développement que celui des marchandises ne peut manquer d'éprouver par le fait même de la construction d'une ligne ferrée. Or le mouvement des passagers aurait, à certains moments de l'année, une importance réelle, la ligne comptant sur son parcours deux grands pélerinages Indous.

En résumé :

La ville de Pondichéry, par sa situation, n'a pas à redouter comme Karikal, la concurrence commerciale de cette ville voisine située à 30 lieues de Madras ; cette ville étend le développement de ses affaires dans un rayon de 20 à 25 lieues, sans redouter que les produits lui soient enlevés par d'autres centres de commerce. Il est certain que Pondichéry est la seule ville de la côte pour laquelle un chemin de fer se reliant au réseau anglais, soit d'une utilité incontestable et d'une impérieuse nécessité. Pour la ville de Pondichéry, de même que pour le commerce français, les chemins de fer c'est l'existence, la richesse, le développement efficace du commerce; le refus ou l'ajournement d'un chemin de fer, c'est l'isolement, la ruine et la mort. Il ne faut pas attendre pour prendre une détermination que les Anglais aient terminé le réseau de leurs voies ferrées ; il serait alors trop tard. Les affaires, les produits suivront un courant duquel il sera difficile de les détourner. Le but évident du gouvernement anglais, et il suffit d'étudier les lignes projetées, est de centraliser tout le commerce de l'Inde à Calcutta, Bombay et Madras. Les principales chambres de commerce de la métropole auxquelles nous avons fait part de notre projet, ont compris toute l'importance que sa réalisation aurait pour le développement de leurs affaires et nous ont donné l'assurance de leur entière approbation. Elles apprécient toute l'importance de Pondichéry et la nécessité de maintenir le seul centre d'affaires que la France possède dans l'Inde.

Il est temps de prendre une prompte décision. La question est désormais élucidée; tout retard apporté dans l'exécution du chemin de fer de Pondichéry est un pas vers la ruine de cette ville et vers la décadence du commerce français sur la côte Coromandel. C'est au gouvernement de la colonie gardien des intérêts généraux de ce pays à adopter la seule solution qui nous paraisse leur donner une légitime satisfaction.

Nous espérons que le conseil de la colonie qui, déjà à deux reprises, a émis une opinion conforme à celle que nous soutenons, maintiendra son premier avis et accordera à Pondichéry pour l'établissement d'une voie ferrée, la priorité que commandent les intérêts de la colonie et ceux du commerce français. Il ne s'agit point comme on le voit d'une pure question de localité. Les intérêts français sont engagés dans cette affaire; les intérêts de la colonie, les intérêts même de Karikal réclament la priorité pour Pondichéry. Qu'est Karikal pour le commerce français? une dépendance, une agence de Pondichéry, ainsi qu'il le reconnaît lui-même. Karikal ne fait de commerce avec la France que par l'intermédiaire de Pondichéry. Ses maisons de commerce sont toutes, sans exception, des agences de Pondichéry; elles ne font d'affaires avec l'Europe que par Pondichéry. Si la place de Pondichéry tombe en décadence, Karikal la suivra dans sa ruine et ne recueillera même pas les débris de son ancienne prospérité.

En terminant, nous émettons les vœux suivants :

1° Que Pondichéry ait la priorité sur Karikal dans l'établissement d'un chemin de fer.

2° Que les fonds de la colonie ne soient pas engagés dans

un projet qui aurait pour résultat d'accorder la priorité à Karikal.

3° Que ces fonds soient réservés pour la garantie ou la subvention à accorder à la compagnie qui se chargera du chemin de fer de Pondichéry.

*Les membres du comité :*

Signé : L. GUERRE, ex-ingénieur colonial, négociant, chevalier de la Légion d'honneur, de la maison Faciolle frères et C^ie.

A.-G. MONTBRUN, ex-chef du service des contributions, négociant, de la maison Gravier et Poulain frères.

G. CORNET, négociant, de la maison Amalric et C^ie.

TESTA, négociant, de la maison Testa et C^ie.

J. DESCHAMBEAUX, négociant, de la maison Deschamps et C^ie.

G. DE COLONS, négociant, de la maison De Colons frères.

A. DE BABICK, négociant.

M. BAYOL, Secrétaire du Comité, négociant, de la maison Mottet, Pernon et C^ie.

A. ERNY, négociant, de la maison Eaton, Erny et C^ie.

C. LAGESSE, Vice-Secrétaire, négociant.

L. LE FAUCHEUR, négociant, de la maison Le Faucheur et C^ie.

A. PAGEL, négociant, de la maison Pagel et C^ie.

LAUDE, Président du Comité, Président de la Cour impériale, chevalier de la Légion d'honneur.

J.-P. FERRIER, Vice-Président du Comité, maire de Pondichéry, chevalier de la Légion d'honneur.

LAOUENAN, principal du collége.

NÈBLE PÈRE, agent des Messageries impériales.

DUCOS DE LA HAILLE, ex-conducteur des ponts et chaussées, ingénieur constructeur.

E.-V. Géruzet, directeur du *Moniteur* de Pondichéry.

C. Parassourama, négociant.

Calvé-Soupprayachetty, négociant.

Poullé-Appavou, négociant.

Sinnassamychetty, négociant de la maison Arounassalom, Sababady et Cie.

Samardy-Gangarayachetty, négociant.

B. Padmanabaretty, négociant.

Tanapaassary, conseil agréé.

ÉTABLISSEMENTS FRANÇAIS DANS L'INDE.

VILLE DE PONDICHÉRY

# CHEMIN DE FER

DE

## PONDICHÉRY AU MADRAS RAILWAY

## ÉTUDE SOMMAIRE

### 1er PROJET

**Embranchement à Samulputty, par Vijoupourum**

**Chemin de fer de 2e ordre** (Light Railway) d'un développement total de 170 kilom. 1/2 (106 milles de 1,609 m.)

MOTEUR A VAPEUR. — LOCOMOTIVE-TENDER

*Vitesse :* 16 kilom. (10 milles) à l'heure, temps d'arrêts compris.

RAIL BARLOW

*Dimensions.* { Verticales. 0m10 ; — horizontales, 0m25.
Largeur du champignon, 0m05 ; — épaisseur, 0m03.

4 SECTIONS.

1re SECTION : *de Pondichéry à Kupan.*
2e — *de Kupan à Navumputoo.*
3e — *de Navumputoo à Chungamah.*
4e — *de Chungamah à Samulputty.*

# RAPPORT

*Direction de la ligne.*

La voie ferrée projetée part du boulevard sud de Pondichéry, se dirige vers l'ouest, faisant un angle de 98°40' avec le nord magnétique, suit ce boulevard jusqu'au canton n° 2, gagne, par une courbe, le sud de la magnanerie, traverse le jardin colonial près de son extrémité sud, laisse Nellytope au nord, et continue en ligne droite jusqu'à la nouvelle route de Tircangi, près le canton n° 6, emprunte 1717 mètres (1 mille) de l'accotement de la route de Pondichéry à Villenour, passe à 400 mètres (1/4 de mille) au nord de cette aldée et se dirige, en ligne droite, sur Kandamangalam où elle vient joindre la route qui conduit à Vijoupourum, suit l'accotement de cette route, passe entre Madagadipett et Kingrapaléom; abandonne cette route à 800 mètres (1/2 mille) avant d'arriver à Valvanour qu'elle laisse à 200 mètres (1/8 de mille) au sud : rejoint la route à 1609 mètres (1 mille) au delà et ne l'abandonne qu'a 800 mètres (1/2 mille) avant d'arriver à Vijoupourum.

Arrivée à ce point, la ligne décrit une courbe qui la maintient à environ 400 mètres (1/4 de mille) au sud de Vijoupourum, en lui faisant appuyer vers le S.-O; elle se dirige ensuite, en ligne droite, sur Kupan qu'elle laisse un peu au nord, appuie de nouveau vers le S.-O. pour éviter les fortes calluns du plateau de Mogoür; laisse Mogour à 1609 mètres (1 mille) au nord et arrive en ligne droite, en face et près de Tiroucavellour, sur la rive gauche du Ponéar.

A ce point elle décrit une courbe pour se diriger vers le N.-O., vient couper la route de Tiroucavellour à Trinamallé au-dessous d'Attipakam; laisse Poniur au sud, coupe près de Navumputoo, une autre route qui conduit de Trichinopolly et Salem, par Trinamallé, à Madras; laisse Vanavaram à 1600 mètres (1 mille) à l'ouest contourne le pic de Warriur en suivant le Thaleweg de la vallée, arrive à 400 mètres (1/4 mille) à l'est de Radavaram et à 8 kilomètres environ (6 milles) à l'ouest de Trinamallé (en ligne droite); laisse à gauche, Tandrampett, Viranum, Shatanour, etc, vient appuyer un peu au nord à Poodapollium pour éviter de fortes montagnes et rejoint la route de Trinamallé à Chungamah à Ottécolum; décrit une courbe, pour appuyer vers le N.-O. suit la route, passe à Moumallé, laisse Chungamah à 1609 m. (1 mille) au nord; décrit une nouvelle courbe pour se diriger vers l'O.-S. O. rejoint la route et la suit sur la majeure partie de son parcours; passe à Siné-Chungamah, Tundampett et continue dans la passe où la route se trouve encaissée entre deux montagnes; contourne Chingarpett qu'elle laisse à environ à 200 mètres (1/8 mille) au nord, se dirige sur Ootoumeurrey en appuyant vers l'O.-N.-O, arrive à cette aldée qu'elle contourne et laisse à environ 200 mètres (1/8 mille) au sud, décrit une courbe, appuie vers le N.-O. et vient faire sa jonction au Madras Railway, à la station de Samulputty située à 151 milles de Madras, à 15 milles de Tripatore, à 21 milles du point d'embranchement de la ligne de Bangaloreau Madras-Railway et à 359 milles de Beypoor.

*Développement total de la ligne.*

Le développement total de la ligne entre Pondichéry et Samulputty est de 170 kilomètres 1/2 soit 106 milles.

*Description de la zône que traverse la ligne.*

De Pondichéry à Kupan, la pente générale des terrains que traverse la ligne, n'atteint pas $0^m$, 002 par mètre : ce sont de plantations de cocotiers, (topes) des terres à menus grains, des rizières et des routes.

Pour tenir le rail au-dessus des plus hautes eaux pendant les grandes pluies d'octobre à novembre, dans les topes et terres à menus grains il suffira d'un remblai de $0^m$,15 (1/2 pied anglais) tandis que pour les rizières qui sont, en moyenne, à $0^m$,60 (2 pieds anglais) en contre-bas, il faudra que la hauteur de ce remblai soit portée à $0^m$,75.

La première route dont la ligne emprunte l'accotement est celle de Pondichéry à Villenour.

La jonction se fait à la route de Tircangi, en face du canton n° 6.

Depuis Kadamangalom la ligne suit la route jusqu'à Vijipourum, excepté :

1° Sur un parcours de 1609 mètres (1 mille) pour éviter le bourg de Valvanour.

2° 800$^{m}$ (1/2 mille) avant d'arriver à Vijoupourum, où elle abandonne cette route pour décrire une courbe et prendre la direction de Kupan.

Dans ce parcours, une seule rivière importante sera traversée, c'est celle de Villenour qui descend des montagnes de Gingie, et vient se diviser, à Tircangi, en deux bras, l'un appelé l'Ariacoupom et l'autre le Chunambar, elle n'a pas moins de 250 mètres de largeur. La rivière d'Oupar que la ligne traverse près la magnanerie ne mesure que 22 mètres de largeur à la ligne des plus hautes causes.

Un assez grand nombre de cours d'eau servant à l'irrigation des rizières, se trouve entre Pondichéry et Kandamangalom, leur nombre est de 141, ils développent ensemble une largeur de 110 mètres (121 yards).

Beaucoup de ces petits canaux pourront être détournés ou réunis de manière à n'exiger, en moyenne, qu'un ponceau pour deux cours d'eaux; en outre ceux dont la largeur est inférieure à 1 mètre pourront traverser la chaussée à l'aide de drains en poterie;

En tenant compte de ces réductions, il n'en resterait que 16 sur lesquels il y aurait lieu d'établir des ponceaux, ils développent ensemble une longueur de 70 mètres.

Il sera tenu compte, dans le détail estimatif, de la dépense occasionnée par l'emploi des drains en poterie.

Dans les endroits où la ligne suit la route, la voie ferrée passera sur les ponts qui existent déjà.

Entre Madagadipett et Vijoupourum, trois de ces ponts n'offrent plus assez de garantie de solidité, ils devront être reconstruits. Leur développement total, en largeur, est de 13 mètres 75.

De Vijoupourum à Kupan la ligne suit alternativement la route qui existe déjà, et traverse, pour diminuer le parcours, des rizières et des terres à menus grains.

Le nombre des cours d'eau traversés n'est plus ici, que de 7 dont le développement total, en largeur, atteint à peine 27 mètres, 80.

De Kupan à Vanavaram la ligne ne traverse plus de rizières, elle suit, en général, le versant Sud et S.-O. de collines qui partent des plateaux situés à droite.

Un seul cours d'eau assez important est traversé, c'est près de Tironcavellour, un affluent du Ponéar, il mesure environ 15 mètres de largeur à la ligne des plus hautes eaux; les autres cours d'eau ou cassis au nombre de 4 développent ensemble une largeur de 11 mètres 65.

Dans ce parcours le terrain bien que plus accidenté n'exigera néanmoins que peu de remblais ou déblais, parce que la ligne, se maintenant à peu près à mi-côte des collines, ne rencontre, en général, qu'un terrain sensiblement de niveau.

La pente générale est plus considérable que celle de la section précédente; elle est de $0^{m},0018$ par mètre.

De Vanavaram à Ottécolom, le pays est plus accidenté et moins bien cultivé que dans la section précédente; la ligne traverse des terres incultes et des jungles qui pourraient être facilement, et à peu de frais, mises en culture, si les bras ne faisaient pas défaut.

La pente générale est encore supérieure à la précédente; elle est de 0,0027 par mètre.

Quatre cours d'eau, à sec l'été développant 17 mètres de largeur sont traversés par la ligne.

D'Ottécolom à Tindampett les ondulations du terrain sont bien moins prononcées que dans la section précédente, la pente générale n'est plus que de 0$^{m}$,002 par mètre et la route que suit la ligne est encore, dans ce moment-ci, l'objet de travaux importants ayant surtout pour objet principal de réduire le nombre des déclivités.

On voit des cultures assez soignées aux abords de la route; il est bon de faire remarquer, ici, que ces cultures ne datent que de trois ans environ, c'est juste l'époque à laquelle les travaux d'amélioration de la route ont été commencés. Le gouvernement anglais, il faut le dire, s'est montré très-coulant au sujet de l'impôt à percevoir, aussi s'établit-il là, chaque jour, de nouveaux centres de population qui défrichent, coupent les jungles et cultivent.

Il est donc permis d'espérer que les abords de notre voie ferrée, dans les endroits qui ne sont pas entièrement cultivés, et c'est le cas de la section précédente, verront également se grouper, dans un certain rayon, des centres de population de jour en jour plus importants et plus nombreux, parce que ces nouveaux habitants, qui n'auront qu'une faible redevance à payer au gouvernement anglais, seront assurés pour l'avenir, de l'écoulement, à prix réduits de leur produits et, pour le présent, de pouvoir se procurer facilement dans un rayon de moins de 3 milles (1) les denrées de première nécessité dont il leur faudra se pourvoir pendant tout le temps qui s'écoulera entre le commencement des défrichements et celui d'une récolte suffisante. Les cours d'eau que la voie aura à

(1) La plus grande distance entre deux stations voisines, n'atteint pas 6 milles.

traverser dans ce parcours développent ensemble une largeur de 37 mètres.

A partir de Tundampett les collines deviennent plus prononcées et plus rapprochées; elles continuent jusqu'à Samulputty; c'est de tout le parcours de la ligne, la portion la plus accidentée, et la pente générale arrive à $0^{m}$,004 par mètre. Bien que les remblais et déblais soient ici plus considérables que partout ailleurs il n'y a cependant pas de difficultés sérieuses à vaincre pour l'établissement de la chaussée.

Les déblais quelle que soit leur importance seront jetés de chaque côtés sans qu'il y ait à payer d'indemnité, attendu que le terrain appartient presque en totalité au gouvernement anglais ; les pierres qu'on en retirera seront utilement employées dans les constructions ; quant aux emprunts, pour les remblais, ils seront faits de chaque côté de la chaussée, où l'on aura toute facilité de s'étendre en superficie afin de n'avoir à enlever que la terre arable, dont la mise en mouvement n'occasionnera qu'une faible dépense.

Les cours d'eau traversés dans cette partie, sont assez nombreux et assez importants :

1 Rivière, le Pambar 70 mètres de largeur à la ligne des plus hautes eaux.

2 d°, 15 mètres de largeur, d°.

1 d°, 10 m. d° d°.

14 cours d'eau, de 2 m., d°.

Soit un développement total de 138 mètres courants de largeur de cours d'eau.

*Renseignements divers sur l'importance des villes, bourgs et villages que doit desservir la ligne projetée.*

PONDICHÉRY.

Chef-lieu des établissements français dans l'Inde, sur la côte Coromandel, par 11° 55' 41" latitude nord et 77° 31' 30" longitude est du méridien de Paris.

Population : 45,000 âmes. Centre du commerce français dans les mers de l'Inde.

Centre industriel : Trois filatures à coton. Ateliers de tissage. Fabriques de savons, d'huile de cocos et de pistaches. Ateliers de confection de meubles pour l'exportation. Ateliers de forges, fonderie et charpentage susceptibles d'un grand développement. Indigoteries. Magnanerie. Jardin d'acclimatation.

Escale bi-mensuelle des paquebots français des Messageries impériales.

Productions : Riz, menus grains, bétel, cocos, calou (liqueur alcoolique provenant de la fermentation du suc extrait du cocotier et du palmier).

Prix moyen des terres : Terres à nelly (riz), 1,000 r[s] le cani (1) ; terres à menus grains, 500 r[s] le cani.

Matériaux de construction :

(1) Le cani vaut à peu près 53 ares 50 centiares.

| | | | |
|---|---|---|---|
| Teck. . . . . . . . . . | 187 fr. l'un. | | Tous ces bois sont importés à Pondichéry par navires. |
| Trinquemalé. . . . . | 89 | d° | |
| Palais. . . . . . . . . | 85 | d° | |
| Satin. . . . . . . . . . | 170 | d° | |
| Manguier. . . . . . . | 2 | 35 m. c. | |
| Palmier. . . . . . . . | 280 | le cent. | |
| Briques. . . . . . . . | 6 | 20 le mille. | |

Chaux de coquilles, 11 paras à la pagode (1). Cette chaux est tirée de Marcanum, situé sur la côte, à environ 20 milles au nord de Pondichéry.

Gare de 1er ordre (voir type des édifices) à construire dans la partie sud de la ville, entre le Boulevard et la Léproserie.

### VILLENOUR.

Chef-lieu du district de ce nom. Centre religieux Indou. Chaque année la fête de Villenour attire un nombre considérable de pélerins et de curieux.

Des trains spéciaux, pour les voyageurs, pourront être organisés lors de cette fête.

Indigoteries. Fabrique d'huile de coco et de pistaches.

Riz, menus grains, bétel, canne à sucre, coco, calou.

Terres à nelly, 500 rs le cani.

Terres à menus grains, 60 rs le cani.

Les bois et la chaux viennent de Pondichéry et les briques sont faites sur place à 6 fr. 25 le mille.

Station de 4e ordre sur la route de Coudépacom à Ville-

(1) Le para vaut 0 m. 067 et la pagode vaut 8 fr. 75.

nour, à 400 mètres environ (1/4 mille) au nord de cette aldée, avec évitement pour les trains spéciaux.

Distance à la station précédente : 8 k$^{m}$ 045, soit 5 milles.

### KANDAMANGALOM.

Aldée anglaise. Poste de douanes. Point de jonction de la voie ferrée avec la route de Pondichéry à Vijoupourum. Fabriques d'huile de cocos et de pistaches.

Riz, menus grains, bétel, indigo, coco, calou.

Terres à nelly, 100 r$^{s}$ le cani.

Terres à menus grains, 45 r$^{s}$ le cani.

Les bois de construction sont tirés à Pondichéry. La chaux arrive de Marcanom. Les briques sont faites sur place à 6 fr. 25 le mille.

Station de 4$^{e}$ ordre pour les voyageurs et marchandises peu encombrantes, établie au nord de la route en face du poste de la Douane.

Distance à la station précédente : 7 k$^{m}$ 240, soit 4 1/2 milles.

### MADAGADEPETT ET KINGRAND-PALLÉOM.

Séparés par la route de Vijoupourum. Centre de population. Point où rayonnent 10 aldées françaises enclavées dans le territoire anglais.

Indigoteries, fabriques d'huile de cocos et de pistaches. Riz, menus grains, bétel, indigo, sésame, pistaches, cocos, calou.

Terrain à nelly, 100 r$^{s}$ le cani.

Terrain à menus grains, 45 r^s le cani.

Les bois de construction sont tirés de Pondichéry. La chaux provient de Marcanom et les briques sont faites sur place à 6 fr. 25 le mille.

Terre à soude pour le blanchissage du linge.

Station de 3^e ordre pour les marchandises et voyageurs, placée à 50 m. (55 yards) à l'ouest du village et sur le côté sud de la route.

Distance à la station précédente : 6 k^m 436, soit 4 milles.

### VALVANOUR.

Aldée anglaise importante. Centre important de fabrication d'indigo. Fabriques d'huiles. Riz, menus grains, bétel, indigo, sésame, pistaches, cocos, callou.

Terres à nelly, de 60 à 80 r^s le cani.

Terres à menus grains, de 40 à 45 r^s le cani.

Les bois de construction sont tirés de Pondichéry, ou de Goudelour. On emploie la chaux provenant de pierres calcaires, qui se vendent à raison de 20 paras à la pagode et que l'on trouve en assez grande abondance dans les environs. Les briques sont faites sur place à 6 fr. le mille.

Station de 3^e ordre pour les marchandises et les voyageurs, établie à 2 kilom. 400 m. (1 1/2 mille) à l'ouest de cette aldée, à l'endroit où la route de Goudelour à Madras, par Tindivanum, coupe la route de Vijoupourum.

Distance à la station précédente : 6 k^m 436, soit 4 milles.

## VIJOUPOURUM.

Chef-lieu du district de ce nom. Thasildar. Juge indien. Inspecteur de police. Bureau de poste.

Point très-commerçant, c'est là que se centralisent toutes les affaires commerciales des aldées du district; sur la route de Trichinopoly à Madras par Tindivanum.

Bangalo pour les voyageurs. Riz, menus grains, bétel, indigo.

Fabrication très-importante d'indigo.

Terres à nelly, 180 r^s le cani.

Terres à menus grains, de 18 à 45 r^s le cani.

Les bois de construction sont tirés de Pondichéry ou de Goudelour ou même des montagnes voisines.

Chaux de pierres calcaires, 20 paras à la pagode. Briques faites sur place à 4 fr. 30 le mille.

Station de 1^er ordre, pour les marchandises et voyageurs, placée à l'ouest et près du Bangalo des voyageurs.

Distance à la station précédente : 8 k^m 045, soit 5 milles.

## KUPAN.

A Kupan et dans les aldées voisines, il se récolte une assez grande quantité de riz. Indigo. Menus grains.

Terres à nelly, de 60 à 100 r^s le cani.

Terres à menus grains, de 20 à 40 r^s le cani.

Bois de construction tirés des montagnes voisines, moyennant une redevance d'une roupie par charretée. Chaux de pierres calcaires. Il n'y a pas à Kupan de terre pour fabriquer les briques. A quelques milles de Kupan, du côté de Magour, on trouve sur le sol, une grande quantité de pierres de granit qui pourront être employées dans les constructions des ponts, ponceaux, stations, etc., etc. Elles ne coûteront que le prix du transport à pied d'œuvre.

Station n° 3, pour les marchandises et voyageurs, placée à l'extrémité ouest du village.

Distance à la station précédente : 8 kilom. 850, soit 5 1/2 milles.

## MOGOUR.

Sur un plateau assez élevé. La ligne passe à 1,600 mètres (1 mille) au sud du village pour éviter les fortes collines qui partent de ce plateau.

Centre religieux de catholiques romains. Une église.

Nelly en petite quantité, indigo, menus grains, palma.

Terres à nelly, à 80 rs le cani.

Terres à menus grains, 40 rs le cani.

Bois de construction tirés des montagnes voisines. Chaux de pierres calcaires 25 paras à la pagode. Briques fabriquées sur place à 4 fr. 30 le mille. Pierres de granit sur place.

Station de 4e ordre placée à 609 mètres (1 mille), au sud de ce village.

Distance à la station précédente, 11 km. 665, soit 7 1/4 milles.

## TIROUCOVELOURE.

Chef-lieu du district de ce nom. Thasildar. Bureau de

poste. Centre commercial important; sur la route de Salem et Trichinopoly à Madras, par Tindivanum; situé sur la rive droite du Ponéar. La ligne vient changer de direction en face de Tiroucavelour, mais sur la rive opposée.

Le passage du Ponéar se fait actuellement à gué, mais tout porte à espérer que le gouvernement anglais comprendra la nécessité d'établir un pont sur cette rivière lorsque notre chemin de fer sera en cours d'exécution.

Centre religieux Indou.

Riz, menus grains, indigo.

Terres à nelly, de 400 à 500 rs le cani.

Terres à menus grains, 60 à 80 rs le cani.

Bois de construction tirés des montagnes voisines. Chaux de pierres calcaires, 24 paras à la pagode. Pierres de granit sur place. Briques fabriquées sur place à 4 fr. 30 le mille.

Station du 1er ordre, placée sur la rive gauche de la rivière en face de Tiroucavelour.

Distance à la station précédente, 11 km 665, soit 7 1/4 milles.

## ATTIPAKAM.

Près de la route de Tiroucavelour à Trinamallé. Centre de catholiques romains, 2,500 chrétiens dans la circonscription. Deux missionnaires. Une église nouvellement bâtie, non achevée.

Riz, menus grains, indigo, palma, tabac.

Bois de construction tirés des montagnes voisines. Chaux de pierres calcaires, 25 paras à la pagode. Briques fabriquées sur place à 2 fr. 50 le mille.

Station de 3e ordre placée au sud et près de village.

Distance à la station précédente, 8 km 0,45, soit 5 milles.

NAVUMPUTTOO.

Point important comme centre de population, près d'une route conduisant à Trinamallé.

Riz en petite quantité. Menus grains, tabac, palma. Bois de construction tirés d'une montagne voisine. Chaux de pierres calcaires. Briques fabriquées sur place. Pierres de granit sur place ; prix d'Attipakam.

Station de 3e ordre placée sur la route de Trinamalé.

Distance à la station précédente, 9 km 654, soit 6 milles.

VANAVARAM.

La ligne laisse ce village à environ 1,600 mètres (1 mille) au sud-ouest.

Riz en petite quantité, menus grains, tabac, palma.

Matériaux de construction sur place et aux prix de Navumputoo.

Station de 4e ordre. Placée à environ 1,600 mètres (1 mille), au nord-ouest du village.

Distance à la station précédente, 8 km 0,45, soit 5 milles.

RADAVARAM.

Village situé à 10 ou 11 km (6 à 7 milles) de Trinamallé.

La ligne le laisse à 800 mètres (1/2 milles) à l'ouest.

Nelly en petite quantité. Menus grains, palma, tabac. Bois de construction tirés des montagnes voisines. Chaux de pierres calcaires que l'on trouve en grande quantité. Briques fabriquées sur place, même prix que précédemment.

Le prix de ces matériaux est le même qu'à Vanavaram. Pierres de granit sur place.

Station de 2ᵉ ordre. — L'établissement à Radavaram d'une station de 2ᵉ ordre, est justifié par sa proximité de Trinamallé, où se tient chaque année une foire très-importante de bœufs, d'étoffes de laine et autres productions du pays, en même temps qu'une fête Indoue qui attire de tous les points de la Péninsule une foule considérable de pélerins, de curieux et de commerçants et que l'on évalue (Thasildar de Trinamallé), à 40,000 au minimum.

Des trains spéciaux pourront être organisés pendant ces fêtes et la compagnie concessionnaire de la ligne française obtenant du gouvernement anglais la rectification et l'amélioration de la route actuelle qui conduit de Radavaram à Trinamallé, aura la faculté d'établir un service de voitures à bœufs pour le transport, jusqu'à Trinamallé, des voyageurs amenés à Radavaram, par le chemin de fer.

Distance à la station précédente, 8 $k^m$ 850, soit 5 1/2 milles.

### VIRANUM.

La ligne laisse ce village à environ 1,600 mètres (1 mille) au sud-ouest.

Riz en petite quantité, menus grains, palma, tabac.

Matériaux de construction sur place au même prix qu'à la station précédente.

Station de 4e ordre. Placée à environ 1,600 mètres (1 mille) au nord-est de ce village.

Distance à la station précédente, 8 km 0,45, soit 5 milles.

## POODAPALLIUM.

Point important. Nelly, menus grains, palma, tabac. Fabrique d'acier du pays très-estimé, surtout pour la confection des ciseaux destinés à la taille du granit ; il s'en expédie pour des sommes considérables sur tous les points de la Péninsule.

Sur les montagnes à l'ouest de Poodapallium il y a une grande quantité de bois de bith, chatigan, teck, palais, etc. Le gouvernement anglais abandonne l'exploitation de ces bois moyennant une indemnité qui varie d'une à trois roupies par charretée, suivant l'essence du bois.

Station de 3e ordre. Placée à l'extrémité nord du village.

Distance à la station précédente, 8 km 0,45, soit 5 milles.

## OTTÉCOLOM.

C'est à Ottécolom que la ligne vient emprunter la route de Trinamallé à Tripatore.

Cette aldée, arrosée par la Chear qui descend des montagnes situées au nord de Chungamah, cultive beaucoup de riz ; l'aspect relativement confortable des maisons dénote l'aisance des habitants.

Riz, menus grains, indigo, tabac.

Terres à nelly, 150 rs le cani.

Terres à menus grains, 0,45 rs le cani.

Bois de construction tirés des montagnes environnantes. Chaux de pierres calcaires, même prix que précédemment.

Les briques sont tirées de Trinamallé, la terre des aldées environnantes n'étant pas bonne pour en confectionner. Pierres de granit sur place.

Station de 3e ordre, au point de jonction de la ligne et de a route.

Distance à la station précédente, 5 km 531, soit 3 1/2 milles.

## CHUNGAMAH.

Chungamah possède un bureau de poste, c'est aussi la résidence d'un inspecteur de police.

L'ancien fort n'existe plus.

Il se fait à Chungamah un commerce assez important de bois de bith, teck, et palais qui proviennent de la montagne située au nord et pour l'exploitation desquels le gouvernement anglais perçoit la même redevance qu'à Poodapallium.

Nelly, menus grains, palma.

Terres de nelly, 70 à 80 rs le cani.

Terres à menus grains, 35 à 40 rs le cani.

Bois de construction abondant. Chaux de pierres calcaires sur place aux mêmes prix que précédemment. Briques provenant de Trinamallé. Pierres de granit sur place.

Station de 3e ordre. Placée à 1,609 mètres (1 mille), au sud de Chungamah.

Distance à la station précédente, 8 km 0,45, soit 5 milles.

## TUMDAMPETT.

Poste de police à China-Chungamal. Un peu à l'est de Tundampett on fabrique de l'acier du pays semblable à celui de Poodapallium.

Menus grains, palma, tabac.

Bois de construction abondant. Chaux de pierres calcaires aux mêmes prix que précédemment. Pierre de granit sur place. Briques fabriquées sur place. La terre est assez bonne pour la confection des briques. Le dosage des éléments doit être fait d'une manière convenable, des essais préalables peuvent seuls en déterminer la quotité.

Station de 4e ordre placée en face du poste de la police.

Distance à la station précédente, 11 kilomètres 665 soit 7 1/4 milles.

## SINGARPETT.

On fait à Singarpett le commerce des bois exploités dans les montagnes voisines, aux mêmes conditions de redevance qu'à Chungamah.

Menus grains, palma, tabac.

Bois de construction abondant. Chaux de pierres calcaires. Pierres de granit sur place. Briques fabriquées sur place.

Station de 3e ordre placée au sud et à 200 mètres (1/8 m.) du bourg.

Distance à la station précédente, 8 kilomètres 447 soit 5 1/4 miles.

### OTTOUMEURREY.

Point important. Bureau de poste. Bangalo pour les voyageurs ; on y fait également le commerce des bois de construction.

Riz, menus grains, palma, tabac, bétel.

Terres à nelly de 100 à 150 r$^{s}$ le cani ; terres à menus grains 60 à 70 r$^{s}$ le cani.

Bois de construction abondant. Chaux de pierres calcaires aux mêmes mêmes prix que précédemment. Pierres de granit sur place. Briques fabriquées sur place aux mêmes prix que précédemment.

Station de 3$^{e}$ ordre placée à 200 mètres (1/8 mille) à l'ouest de Bangalo sur le bord d'un cours d'eau.

Distance à la station précédente, 9 kilomètres 654 soit 6 milles.

### SAMULPUTTY.

Station du Madras Railway, point d'embranchement de la ligne française.

Menus grains et palma.

Bois de construction provenant des montagnes voisines. Chaux de pierres calcaires. Briques fabriquées sur place aux mêmes prix que précédemment. Pierres de granit sur place.

Gare de 2$^{e}$ ordre placée un peu au sud et à l'est de la station anglaise.

Distance à la station précédente, 8 kilomètres 045 soit 5 milles.

*Voie, chaussée, ouvrages d'art, voie ferrée, accessoires de la voie, etc., etc. — Nature des terrains traversés par la ligne.*

Bien qu'il soit assez difficile, à première vue, sans sondages préalables, de connaître la nature d'un terrain donné nous pouvons certifier que, dans l'ensemble de son parcours, la voie ferrée projetée ne rencontrera nulle part des terrains exceptionnels tels que terrains d'alluvions de sables mouvants, marécageux, etc., qui offrent les plus grandes difficultés, soit pour l'établissement de la chaussée, soit pour les fondations des ouvrages d'art courants.

Les terres rizières qui sembleraient devoir être comprises dans cette dernière catégorie, rentreront dans le cas des terres les plus favorables à l'exécution des travaux lorsqu'elles cesseront d'être irriguées. Partie de l'eau s'évaporera et partie sera absorbée, au bout de peu de temps, par le sous-sol qui est généralement une terre sablonneuse, de même nature que celle désignée sous le nom de terre à menus grains. La couche d'argile qui sert à retenir l'eau nécessaire à la croissance du riz est le plus souvent rapportée, et est d'une épaisseur qui n'excède pas $0^{m},30$ (1 prid anglais).

Dans aucun cas on ne sera obligé de faire des travaux de drainage soit pour l'assainissement des terres traversées par la voie, soit pour la chaussée elle-même.

### *Terrassements.*

Les terrassements, pour l'établissement de la chaussée ne rencontreront aucune difficulté sérieuse.

Les déblais pourront être jetés à une petite distance de chaque côté de la voie moyennant une faible indemnité; de même les emprunts se feront à droite et à gauche, à une distance qui excèdera rarement 15 mètres (16 1/2 yards) moyennant une indemnité relativement minime par mètre cube de terre enlevée, à payer aux propriétaires.

Ces terrassements pour des hauteurs qui peuvent atteindre facilement 4 mètres (4 1/2 yards) seront faits de la manière la plus simple par les terrassiers du pays (corvas) avec lesquels on traite soit à forfait, soit à un prix déterminé par mètre cube de terre mise en mouvement; les terres sont transportées sur la tète, dans des corbeilles ad hoc par des femmes et de jeunes enfants.

Ce mode, tout primitif qu'il est, à le grand avantage de ne pas nécessiter l'emploi de tout l'attirail fort coûteux, d'un chantier de terrassement établi suivant les règles en usage en Europe.

L'économie de matériel n'est pas le seul avantage résultant du système proposé pour les terrassements, il y a aussi meilleur confection des remblais; le tassement est plus uniforme, s'opère mieux, les remblais deviennent homogènes lorsque les terres sont régalées par couches d'une faible épaisseur que le piétinement continuel des porteurs de terres compriment immédiatement dans toute la largeur des remblais, que lorsqu'elles le sont par grandes masses d'un de deux et même davantage de mètres cubes et surtout, si la compression n'est que partielle.

Lorsque les wagons de terrassement passent chargés sur les remblais, ils les compriment par leur poids, dans un certain rayon *qui n'atteint jamais toute la largeur du remblai* ;

la compression est donc partielle et par suite, le tassement inégal.

Cette inégalité de tassement des remblais occasionne souvent des dégradations qui néccessitent des travaux fort coûteux lorsque surtout ces remblais sont faits avec des terres d'alluvions ou de la glaise; il en est même résulté des éboulements dans les talus bien que ces derniers fussent inclinés à plus de 1 1/2 pour 1.

Dans les tranchées on emploiera le même mode de transport, mais on aura soin de ménager, dans les talus, des rampes qui pourront être plus raides que celles adoptées dans les chantiers de terrassements à la brouette, parce que les Indiens, qui vont pieds nus, ne seront pas exposés à glisser attendu qu'on ne les fera jamais travailler aux terrassements en temps de pluies.

### *Pentes et rampes*

La pente totale de Pondichéry à Samulputty est de 381$^{m}$, 068 ce qui donne 0$^{m}$,0022 par mètre pour la ligne de pente générale.

Jusqu'à Kupan, la pente générale du projet n'est que de 0,0015 par mètre, celle maximum arrive près Vijoupourum à 0$^{m}$,003 par mètre.

De Kupan à Vanavaram, cette pente est de 0$^{m}$,0018 par mètre. Le maximum de pente, est entre Chokotambady et Vanavaram, il est de 0$^{m}$,00225 par mètre.

De Vanavaram à Oottécolom la pente générale arrive à 0$^{m}$,0027 par mètre.

La plus forte rampe se trouve entre Poodapallium et Oottécolom, où elle atteint $0^m$,009 par mètre sur une longeur d'environ 2/3 kilomètres soit 1/2 mille.

De Oottécolom à Tundampett la pente générale diminue, elle n'est plus que de 0,0027. La rampe maximum n'est que 0,006 par mètre, sur un espace de $800^m$ (1/2 mille).

De Tundampett à Samulputty, la pente générale est de $0^m$,004 par mètre.

Plusieurs rampes sont à $0^m$,018 par mètre une seule atteint 0m. 020 par mètre sur un parcours de 1 kil. 1/2 environ, soit 1 mille, entre Chingarpett et Outoumeurrey (voir le profil en long.)

Cette pente paraît un peu raide, elle l'est en effet, mais elle peut être d'autant mieux franchie qu'il ne s'agira, ici, que d'un ralentissement de vitesse, circonstance qui, en définitive, est pour nous de peu d'importance.

Au chemin de fer à grande vitesse de Vienne à Trieste, au passage du Shœmmering, on a adopté des rampes de 0m.025 par mètre; c'est là qu'à paru la locomotive Engerth, pour la première fois.

Sur le chemin de fer à grande vitesse de Gènes à Turin on est arrivé à un maximum de rampe de 0m.035 par mètre.

### *Rayons des courbes.*

A la vitesse maximum adoptée pour notre ligne on peut, au point de vue des accidents, admettre des courbes très-prononcées, descendre même jusqu'à 150 m. (165 yards) de rayon comme il s'en trouve sur le chemin de fer de Metz à Forbach, mais au point du vue de l'usure du matériel, et de la nécessité de rendre notre voie accessible aux wagons Anglais du Madras Railway, qui ne sont pas construits pour des courbes aussi prononcées, nous croyons devoir adopter, comme limite minimum 400m., (440 yards) de rayon et comme maximun 800m. (880 yards.)

### *Chaussée.*

La chaussée aura 5 mètres de largeur entre les crètes des talus qui seront, en général, à 1 1/2 pour 1 pour les remblais (voir le profil type) et 1 p. 1 pour les déblais.

Dans les tranchées, la largeur de la chaussée sera augmentée de 1 mètre pour le creusement des fossés qui auront $0^{m}$,40 de largeur en haut, $0^{m}$,20 de hauteur et $0^{m}$,10 de cunette.

Lorsque la tranchée atteindra une grande longueur on augmentera les dimensions des fossés qui ne suffiraient plus pour l'écoulement des eaux pluviales pendant les fortes averses.

### *Haies de clôture.*

A la partie inférieure des talus en remblais et à la crète de ceux en déblais, on plantera des haies vives d'aloès ou de raquettes.

### *Bornes kilométriques et indicateurs des rampes et pentes.*

Les bornes kilom., ainsi que les indicateurs des rampes et pentes, seront formés de plaques de tôle, peintes en blanc et numérotées, en noir pour les distances, en rouge pour les déclivités; ces plaques seront clouées sur des poteaux en bois plantés le long de la chaussée de manière que les chiffres puissent être facilement aperçus par les mécaniciens des locomotives.

## *Ouvrages d'art.*

Les ouvrages d'art à exécuter ne sont pas aussi nombreux qu'on pourrait le supposer même aux endroits des plus fortes déclivités.

Dans aucun cas, la voie ferrée n'aura à passer au-dessus ou au-dessous d'une grande voie de communication, ce dernier avantage laisse une grande latitude pour la hauteur à donner aux wagons à impériale de la 3e classe.

Il n'y aura que des ponts à établir sur des cours d'eau, et encore leur nombre n'en est-il pas considérable.

Dans les rizières, les ponceaux sur les petits canaux d'irrigations pourront être économiquement remplacés par des drains en poterie que l'on se procurera facilement et à bon marché.

Les ponts et ponceaux seront établis en prévision de deux voies; ils auront au moins 7 mètres de largeur entre les parapets, ce qui portera le minimum de l'entre-voie à $1^{m},70$.

Le prix du mètre courant de pont varie nécessairement avec la hauteur des piles et les difficultés des fondations: on peut toutefois, sans sortir des limites d'une appréciation suffisante, admettre une moyenne pour ce prix.

Le mètre courant de ponts contruits en briques, dans des circonstances ordinaires et à des hauteurs communes, y compris les fondations sur puits remplis de bétons, de ciment du pays (1), est en moyenne, un peu au-dessous de 500 fr., soit 200 roupies.

Il faudrait compter sur ce chiffre pour tous les ponts à construire, de Pondichéry à Vijoupourum; au-delà de ce point, ce prix de revient sera de moitié moindre.

Ceci s'explique :

1° Par le bon marché des briques résultant du prix minime du bois devant servir à la cuisson.

Le gouvernement anglais ne perçoit qu'une roupie par charretée de ce bois coupé dans les jungles.

2° Par la modicité du prix de la chaux. Les pierres calcaires sont extraites à peu de frais et le bois de cuisson provient des jungles environnantes.

3° Par la facilité de trouver sur place des blocs de granit qui ne coûteront que le prix de transport à pied d'œuvre; ces pierres seront employées brutes pour toutes les maçonneries des ponts et édifices, des gares et stations, à l'exception de celle des voûtes qui seront faites en briques afin d'éviter la dépense considérable qu'occasionnerait la taille des pierres de granit en voussoir.

Nous avons vu, près de la station de Shoranour, à 50 milles avant d'arriver à Beypour, un pont en cours d'exécution, qui aura au moins 200 mètres de longueur et dont les arches ont bien près de 20 mètres de portée; toutes les maçonneries des piles en construction sont faites avec des pierres brutes de granit posées par assises très-irrégulières.

(1) Nous avons composé à Pondichéry un ciment à prise rapide; au bout de 20 minutes d'immersion dans l'eau, on ne pouvait plus le rayer avec l'ongle.

Les parements vus forment un grossier mosaïque qui a un cachet de rusticité remarquable.

Le pont de Gingic, qui a plus de quatre-vingt mètres (88 yards) entre les culées, construit de 1856 à 1857, n'a coûté que 8,000 roupies, soit 20,000 fr. (1), ainsi que le constate l'inscription placée vers le milieu du parapet de ce pont.

Les voûtes et les parapets seulement sont en briques. Toutes les autres maçonneries sont en pierres de granit provenant de constructions fort anciennes tombées en ruines et que l'on rencontre en très-grand nombre, sur la route, au pied des montagnes et même au sommet de quelques-unes d'entre elles.

Nous admettons donc le chiffre de 250 francs (100 r[s]), comme prix moyen du mètre courant de ponts à établir entre Vijoupourum et Samulputty, nous pensons même rester au-dessous de cette moyenne en employant le système de ponts à culées perdues.

## *Passages à niveau.*

Les passages à niveau ne nécessiteront d'autres dépenses que celles des contre-rails et des barrières établies, du reste, d'après un système très-économique. Les contre-rails seront en bois de Palais.

## *Rails.*

Les rails sont du système Barlow, du poids de 30 kilogr. par mètre courant ; ne contenant aucune partie en bois, ils

(1) Soit moins de 250 fr., 100 r[s] le mètre courant, si l'on comprend les culées.

permettent une plus grande économie tant pour la pose que pour l'entretien; leur écartement entre les faces intérieures est de $1^{m},671$ (1); ils reposent directement sur le ballast placé dans deux rigoles parallèles dont les entre-axes sont les mêmes que ceux des rails.

Ces rigoles ont $0^{m},35$ de largeur sur $0^{m},25$ de profondeur.

Dans les remblais surtout on pilonnera fortement, au fond des rigoles, du cailloutis mélangé de gros sable et d'argile réfractaire en arrosant légèrement, et sur une hauteur de $0^{m},20$. Les $0^{m},05$ de la partie supérieure seront comblés, autant que possible, avec du gros sable pur; on fera ensuite passer le rouleau compresseur, à plusieurs reprises, avant de poser les rails.

Dans les parties en déblais où l'on rencontrera un terrain très-résistant, formé de pierrailles fortement agglomérées ou de roche vive, il suffira de placer dans les rigoles, sous les rails, du gros sable fortement comprimé pour donner à la voie l'élasticité qui lui est nécessaire.

La partie intérieure des rails sera remplie soit avec du ballast, soit avec un mélange de gros gravier et de chaux grasse (Béton prussien).

Les rails ont les dimensions suivantes :

Verticale, $0^{m}10$;

Horizontale, $0^{m},25$;

Largeur du champignon, $0^{m},05$;

Epaisseur du champignon, $0^{m},03$;

Longueur du rail, $5^{m}$.

(1) C'est l'écartement des faces intérieures des rails du chemin de fer de Madras à Beypore.

Des selles placées aux joints amènent en contact les lèvres des extrémités contiguës des rails.

Ces selles sont fixées à l'aide de rivets en fer doux au nombre de dix. Une entretoise en fer plat, placée à côté de la selle et fixée au rail par deux rivets relie les deux files de rails.

Lors de la pose on inclinera les rails de 1/20 vers l'axe de la voie.

Dans les courbes, indépendamment de cette inclinaison, on tiendra le rail extérieur un peu plus élevé que celui de l'intérieur afin de contre-balancer l'effet de la force centrifuge qui pousse au déraillement des wagons; cette hauteur variera avec le rayon de la courbe de raccordement; pour un rayon de 1,200 à 1,500 mètres elle est, sur les chemins à grande vitesse, de $0^{m},02$.

Bien que la vitesse prévue pour notre ligne ne doive être que de 16 kilom. à l'heure (10 milles), temps d'arrêts compris, nons pensons devoir nous baser sur cette hauteur pour tous les cas semblables, parce que cette disposition, qui n'occasionnera du reste qu'une dépense sans importance, permettra, à un moment donné de marcher, en toute sécurité, à une vitesse de beaucoup supérieure à celle prévue.

*Changements et croisements de voies dans les gares et stations.*

Aux aiguilles, dans les changements de voies, ainsi qu'aux cœurs et contre-cœurs, nous employons des rails à champignons du poids de 20 kilog. le mètre courant reposant sur des traverses en bois de palais espacées de $0^{m},75$ d'axe en axe.

### *Plaques tournantes.*

Les plaques tournantes sont en fonte et bois, d'un système très-économique. Leur diamètre qui est de 5 mètres, permettra à la locomotive-tender d'y passer, attendu que dans le type de ces dernières au chemin de fer du Midi et que nous proposons pour notre ligne, l'écartement des essieux extrêmes, d'axe en axe, est de $4^{m}$,70.

Chaque plaque tournante portera deux voies se coupant à angle droit.

Nous sommes d'avis de n'employer que le moins possible de plaques tournantes, de faire faire les manœuvres dans les gares et stations à l'aide de changements à aiguilles.

Ce système est employé au Madras Railway; c'est également le système suivi sur les chemins de fer allemands.

### *Signaux fixes.*

Des signaux fixes seront placés dans toutes les stations où il y aura un évitement de voie. Ils seront aperçus de très-loin le jour et la nuit.

Ces signaux se composent d'un poteau de 10 à 15 mètres d'élévation, scellé dans un massif de maçonnerie.

A la partie supérieure, deux planchettes, peintes en rouge d'un côté et en blanc de l'autre, se mouvant de bas en haut, peuvent s'étendre horizontalement ou se rabattre verticalement pour être cachées par l'épaisseur du poteau.

A l'aide d'un mécanisme très-simple on présente, le jour, aux trains arrivants la couleur qui convient à la circonstance.

Pour la nuit, un fanal qui peut être obstrué de chaque

côté, soit par un verre rouge, soit par un verre bleu, fait connaître à l'aide d'une de ces deux couleurs, l'état de la voie aux convois arrivants.

Le même mécanisme qui sert aux signaux de jour fait mouvoir ceux de nuit.

*Réservoirs pour l'alimentation des machines locomotives.*

Ces réservoirs seront en maçonnerie ou en bois.

Ceux en maçonnerie seront montés sur 4 piliers reliés par une voûte d'arête qui formera le fond du réservoir. Leur élévation, au-dessus du sol, sera calculée de manière que le point de prise d'eau se trouve au moins de 0 m. 50 c. plus élevé que l'ouverture du tender.

Une manche en toile faisant suite à un robinet dormant, servira à introduire l'eau dans le tender.

Lorsque des circonstances particulières obligeront à construire le réservoir en bois, on devra le goudronner fortement à l'intérieur ou le doubler avec du zinc. La caisse serait alors élevée sur 4 piliers en maçonnerie à une hauteur convenable.

Ces réservoirs seront placés sur le bord du trottoir en face de la fosse aux escarbilles où les locomotives pourront, en faisant leur eau, se débarrasser de leur résidus encombrants.

Un puits portant un échafaudage muni d'une poulie, sera creusé près de là et fournira l'eau au réservoir.

*Grues fixes.*

Les grues seront en fonte, tôle ou bois, celles en fonte seront semblables à celles établies sur les quais du chenal de la cloche, dans l'arsenal de Rochefort, pour l'embarquement et le débarquement des bois de construction.

Pendant plus de dix ans, elles ont fait un service journalier non interrompu sans exiger la moindre réparation.

Celles en tôle seront du type adopté au chemin de fer d'Orléans.

Quant à celles en bois qui seraient d'ailleurs construites sur place, on emploierait le système le plus solide et le plus économique.

### *Outillage de la voie.*

L'outillage de la voie se compose des outils et apparaux dont chaque station devra être pourvue ainsi que chaque poste de cantonnier surveillant lors de l'achèvement des travaux neufs.

A chaque gare ou station, il y aura un petit wagonne d'inspection pour le transport du surveillant des travaux de l'entretien. Ce wagonnet qui servira en outre à transporter les outils et matériaux nécessaires pour une réparation urgente ou en cas d'accident, sera mis en mouvement par deux coulis.

Chaque cantonnier surveillant devra être pourvu d'une brouette, d'un pic à roc, d'une pioche dite mamouty, d'une barre en fer de 1 m. 50 de longueur, d'une pelle en fer, d'une règle métrique, d'un cordon de 20 mètres de longueur et d'une corne ou trompe.

Il sera prévu, au chapitre du matériel roulant, un certain nombre de wagons à marchandises pouvant servir au transport du ballast.

## *Édifices.*

Nous comprenons sous le titre d'édifices, les gares, stations et postes de cantonniers surveillants de la voie.

Les édifices seront construits d'après le mode le plus économique, tout en présentant les meilleures conditions de durée et de solidité.

Tout luxe devra en être exclu, et l'on s'en tiendra au strict indispensable. La gare de Pondichéry, qui devra avoir un bâtiment spécial pour le personnel administratif, pourra sortir un peu de la règle établie précédemment en principe; située au chef-lieu de nos établissements dans l'Inde, où les édifices publics et les maisons particulières portent le cachet d'une architecture régulière de bon goût et surtout bien étudiée sous le rapport du climat, la gare de Pondichéry, disons-nous, doit présenter un ensemble de constructions dont l'architecture s'harmonise avec celle des constructions environnantes.

## *Gares et stations.*

Les gares et stations formeront six catégories. Les gares en comprendront 2 et les stations 4.

| | | |
|---|---|---|
| Gare n° | 1. | Pondichéry. |
| — | 2. | Samulputty. |
| Station n° | 1. | Vijoupourum. |
| — | » | Tiroucavellour. |
| — | 2. | Badavaram. |
| — | 3. | Madagadipett. |
| — | » | Valvanour. |

Station n° 3. Kupan.
— » Attipakam.
— » Nuvamputoo.
— » Poodapallium.
— » Ottécolom.
— » Chunganah.
— » Singarpett.
— » Oottoumeurrey.
— 4. Villenour.
— » Kandamangalam.
— » Mogour.
— » Vanavarum.
— » Viranum.
— » Tundampett.

GARE N° 1.

Bâtiment de l'administration. Rez-de-chaussée et étage.

Longueur...... 36,40 } surface occupée,
Largeur....... 19,52 } 711 m2 (1).
Hauteur totale, 19 m. 53.

Bâtiment des voyageurs.

Longueur..... 36,244 } surface occupée,
Largeur...... 7,264 } 263 m2.
Hauteur totale 6 m. 35.

Halle aux marchandises.

Longueur..... 36,244 } surface occupée,
Largeur...... 7,264 } 263 m2.
Hauteur totale, 6 m. 35.

Marquise.

Longueur..... 36,244 } surface occupée,
Largeur...... 20, 00 } 725 m2.
Hauteur sous entrait, 5 m. 70.

(1) Abréviation de mètre carré. Toutes les surfaces qui suivent portent la même abréviation.

Remises des locomotives.

Longueur..... 36,244 } surface occupée,
Largeur...... 10, 00 } 365 $^{m2}$

Hauteur sous entrait, 5 m.

Dépôt de combustible.

Longueur..... 20,254 } surface occupée,
Largeur...... 10, 00 } 102 $^{m2}$.

Hauteur sous entrait, 5 m.

Atelier de boiserie.

Longueur..... 52,234 } surface occupée,
Largeur...... 10, 00 } 522 $^{m2}$.

Hauteur sous entrait, 5 m.

Atelier de ferronnerie.

Longueur..... 52,234 } surface occupée,
Largeur...... 10, 00 } 522 $^{m2}$.

Hauteur sous entrait, 5 m.

Poste des contrôleurs d'arrivée.

Longueur..... 5, 00 } surface occupée,
Largeur...... 3, 00 } 15 $^{m2}$.

Hauteur sous entrait, 3 m.

Château d'eau.

Bassin, 2 m. au carré.
— hauteur, 1 m.
Hauteur du fond du bassin au-dessus du sol, 3 m.

Puits.

Diamètre, 4 m.
Hauteur de l'échafaudage au-dessus de la margelle du puits, 4 m.

Fossé aux escarbilles.

Longueur..... 10 00 } surface occupée,
Largeur...... 1, 20 } 24 $^{m2}$.

Profondeur, 1 m.

### Signaux fixes.

Hauteur du mât, 15 m.

Une grue sera placée près la halle aux marchandises, elle devra pouvoir soulever un poids d'au moins trois tonnes.

### Appareil électrique.

Dans le bureau du chef de gare, il y aura un appareil électrique.

Les maçonneries des divers bâtiments de cette gare seront en briques avec mortier de caliman, pour les murs pleins, et avec mortier de chaux et sable pour les colonnes, arcs, plates-bandes, jambages de portes et croisées, corniches et argamasses.

Le bâtiment de l'administration sera argamassé ainsi que le bâtiment des voyageurs et la halle aux marchandises, tous les autres, à l'exception de la marquise, seront couverts en tuiles creuses du pays.

La largeur de la marquise étant de 20 mètres dans son œuvre il est indispensable, pour ne pas être obligé d'adopter des dimensions énormes pour les bois des fermes, que la couverture soit aussi légère que possible.

Nous adoptons une couverture en zinc dite à tasseaux beaucoup plus solide que celle dite couverture en zinc cannelé employée pour les édifices importants des gares du Madras Railway.

Toutes les boiseries du bâtiment de l'administration seront en teck de la meilleure qualité.

Les fermes de la marquise ainsi que toutes les portes et

croisées seront également en teck de la première qualité (1).

Les fermes, solives, palâtrages, etc. des autres édifices pourront être en teck commun (Vendée) ou Palais.

## GARE N° 2.

Bâtiment des voyageurs et bureaux.

| | | |
|---|---|---|
| Longueur . . . . . . . | $32^{m}$,20 | surface occupée $345^{m}2$. |
| Largeur. . . . . . . . | $10^{m}$,70 | |
| Hauteur sous entrait. . . | $4^{m}$ | |

Halle pour les marchandises et remisage des locomotives et wagons.

| | | |
|---|---|---|
| Longueur. . . . . . . | $36^{m}$,244 | surface occupée $533^{m}$,2. |
| Largeur . . . . . . . | $14^{m}$, 70 | |
| Hauteur sous entrait . . | $5^{m}$ | |

Dépôt de combustible.

| | | |
|---|---|---|
| Longueur. . . . . . . | $20^{m}$,254 | surface occupée $102^{m}$,2. |
| Largeur . . . . . . . | $5^{m}$ | |
| Hauteur sous entrait . . | $5^{m}$ | |

Pendal devant servir d'atelier de boiserie et de ferronnerie pour les légères réparations.

| | | |
|---|---|---|
| Longueur. . . . . . . | $40^{m}$ | surface occupée $400^{m}$. |
| Largeur . . . . . . . | $10^{m}$ | |
| Hauteur sous linteaux . . | $2^{m}$. | |

Château d'eau semblable à celui de la gare n° 1er.

Fosses aux escarbilles semblables à celle de la gare n° 1er.

Grue semblable à celle de la gare n° 1er.

Signaux fixes, gare n° 1er.

(1) Le système de ferme que nous proposons pour la marquise a été combiné de manière à réunir la force et la légèreté, au prix de revient le plus faible possible.

Appareil électrique.

Les bâtiments de cette gare seront construits en pierres de granit brutes et mortier de chaux et sable mélangé d'un argile réfractaire que l'on trouve dans les environs de Samulputty.

Toutes les couvertures, à l'exception de celle du pendal, seront en tuiles creuses.

Les boiseries seront faites avec le teck provenant de montagnes voisines, on pourra employer le palais pour les fermes et solives.

Quant au pendal ou abri provisoire pour l'atelier de boiserie et ferronnerie, il sera de la construction la plus simple et la plus économique.

### STATION N° 1 AVEC ÉVITEMENT.

Bâtiment des voyageurs.

| | | |
|---|---|---|
| Longueur . . . . . . . | $32^m,00$ | surface occupée $342^m,2$. |
| Largeur . . . . . . . | $10^m,70$ | |
| Hauteur sous entrait . . | $4^m$. | |

Halle pous les marchandises et le remisage des locomotives et wagons.

| | | |
|---|---|---|
| Longueur. . . . . . . | $20^m,254$ | surface occupée $298^m,2$. |
| Largeur . . . . . . . | $14^m, 70$ | |
| Hauteur sous entrait . . | $5^m$. | |

Dépôt de combustible.

| | | |
|---|---|---|
| Longueur. . . . . . . | $20^m,254$ | surface occupée $102^m,2$. |
| Largeur . . . . . . | $5^m$ | |

Château d'eau, fosses aux escarbiles, signaux fixes et appareil électrique, comme pour les gares n° 1 et 2.

Le bâtiment des voyageurs sera en pisé avec soubassement en maçonnerie de briques avec mortier de chaux et sable, dans les endroits où l'on ne se procurera pas facilement des pierres de granit.

Toutes les autres maçonneries des remises seront soit en briques, soit en pierres de granit brutes avec mortier de chaux et sable.

Lorsque les maçonneries de pisé seront suffisamment sèches, on les recouvrira d'un crépissage de mortier de chaux grasse et de gros sable sur lequel on fera un enduit demi-fin, bien frotté.

Les couvertures seront en tuiles creuses.

Les boiseries seront en teck des montagnes voisines. On emploiera le palais pour les fermes et solives.

### STATION N° 2 AVEC ÉVITEMENT.

Bâtiments des voyageurs.

| | | |
|---|---|---|
| Longueur . . . . . . . | 32m,00 | surface occupée 342m,2. |
| Largeur . . . . . . . | 10m,70 | |
| Hauteur sous entrait . . | 4m. | |

Halle pour les marchandises et le remisage des locomotives et wagons.

| | | |
|---|---|---|
| Longueur . . . . . . . | 20m,54 | surface occupée 45m,2. |
| Largeur . . . . . . . | 14m,70 | |
| Hauteur sous entrait . . | 5m. | |

Dépôt de combustible.

| | | |
|---|---|---|
| Longueur . . . . . . . | 10m,66 | surface occupée 54m,2. |
| Largeur . . . . . . . | 5m | |
| Hauteur sous entrait . . | 4m. | |

Château d'eau, fosses aux escarbilles, signaux fixes, appareil électrique, comme pour les stations n° 1.

Tous ces bâtiments seront en maçonnerie de pisé ; lorsque la dessication sera complète, on fera le crépis et l'enduit comme pour les stations n° 1.

Les couvertures seront en paille de végel.

Les portes et fenêtres seront en teck montagnes.

Les fermes seront du type adopté par les Indiens dans certaines de leurs constructions. Ce mode de charpente permet d'utiliser les bois les plus difformes, il procure par conséquent une économie notable.

### STATION N° 3 AVEC ÉVITEMENT.

Bâtiment des voyageurs.

| | | |
|---|---|---|
| Longueur . . . . . . . | 23m,40 | surface occupée 215m,2. |
| Largeur . . . . . . . | 9m,20 | |
| Hauteur sous entrait . . | 3m. | |

Halle aux marchandises et wagons.

| | | |
|---|---|---|
| Longueur . . . . . . | 20m,254 | surface occupée 203m,2. |
| Largeur . . . . . . . | 10m | |
| Hauteur sous entrait . . | 5m. | |

Signaux fixes, comme pour les stations précédentes.

Les stations de Poodapollium et Chungamah auront chacune une grue semblable à celles des gares n° 1 et 2.

Maçonneries et boiseries du type des stations n° 2, mais moins bien soignées. Le crépissage sera fait avec un mélange d'argile rouge, de bouse de vache, de chaux et de sable.

### STATION N° 4.

Bâtiment unique.

| | | |
|---|---|---|
| Longueur . . . . . . . | 9m,20 | surface occupée 66m,2. |
| Largeur . . . . . . . | 7m,20 | |
| Hauteur sous entrait . . | 3m. | |

Construction du type de la station n° 3.

La station de Villinour aura un évitement de 100 mètres entre les aiguilles pour le service des trains spéciaux qu'il y aura lieu d'organiser lors de la fête de cette aldée.

Poste de cantonnier-surveillant, Paillote.

| | | |
|---|---|---|
| Longueur . . . . . . . | 8m | surface occupée 40m,2. |
| Largeur . . . . . . . | 5m | |
| Hauteur des murs de côté. | 1m. | |
| — — de pignons | 4m. | |

Murs en terre, couverture en paille de végel ou en obles, suivant les localités.

### *Outillage des ateliers.*

Ateliers de ferronnerie et boiserie de Pondichéry.

2 machines à vapeur de 15 à 20 chevaux.
2 chaudières à vapeur pour les machines.
1 tour à recentrer les essieux.
1 tour à roues des machines et wagons.
1 tour à fileter.
2 tours simples.
1 machine à aléser les cylindres.
1 machine à raboter les fers et la fonte.
1 petite limeuse.
1 petite machine à mortaiser.
1 petite machine à tarauder.
3 petites machines à percer.
1 scie circulaire.
10 étaux d'ajusteurs assortis.
2 étaux à chaud.

10 enclumes assorties.

40 mètres courants d'établis d'ajusteurs.

10 forges.

Outils divers d'ajusteurs et de charpentiers.

Ateliers de ferronnerie et boiserie de Samulputty.

Il n'y aura pas de machines à vapeur dans cet atelier.

Il suffira donc de prévoir la somme nécessaire pour pourvoir cet atelier des outils dont on aura besoin pour de légères réparations.

## *Télégraphe électrique.*

Les poteaux, fils et appareils seront en tout point semblables à ceux établis en France pour la ligne d'Orléans.

Nous recommandons l'appareil à cadran comme le plus simple. Il n'exige pas un employé spécial; au bout de peu de jours d'exercice, le chef de chaque gare ou station pourra le faire fonctionner de façon à satisfaire aux exigences du service de l'exploitation.

## *Matériel roulant.*

### Wagons.

70 wagons pour marchandises, bestiaux, bagages et ballast.

40 wagons de 3e classe.

20 wagons de 2e classe.

10 wagons de 1re classe.

### Locomotives-tenders.

7 locomotives tenders.

Les wagons à marchandises, bestiaux, bagages, ballast, et

ceux des 2e et 3e classe pourront être confectionnés par l'industrie privée.

Quant à ceux de 1re classe, dont le travail exige un soin tout particulier, ils devront être faits dans les ateliers du chemin de fer.

Tous ces wagons seront entièrement en bois de teck, excepté ceux à ballasts, marchandises et de la 3e classe dont les bâtis pourront être en bois de palais.

Les roues seront en fonte, sans bandage rapporté; les raies en forte tôle seront placées dans le moule avant le coulage de la fonte, de manière qu'il n'y ait pas de jeu dans les joints.

Les boîtes à graisser et les ressorts de suspension seront conformes à ceux de la ligne d'Orléans.

Quant aux ressorts des tampons une disposition toute particulière permettra de réduire leurs dimensions et de diminuer par conséquent leur prix de revient.

Nous pensons que toutes les dimensions des pièces qui entrent dans la composition des wagons en circulation sur les chemins français et étrangers, à grande vitesse, pourront être réduites sur le nôtre sans qu'il en résulte le moindre inconvénient.

Les mouvements de lacet et de galop dont les effets destructeurs, sur le matériel roulant, augmentent avec la vitesse, nécessitent, pour ce matériel, une solidité qu'on ne peut obtenir que par de fortes dimensions surtout, lorsque les trains doivent parcourir de 80 à 100 kilom. à l'heure (50 à 66 milles.)

Sur notre ligne où la vitesse habituelle ne sera que de 16 kilom. (10 milles) à l'heure, ces mouvements seront très-faibles et leurs effets destructeurs presques nuls.

Les machines-tender seront du type adopté pour les chemins de fer du Midi.

En combinant ce système avec celui produit à l'exposition de 1862, à Londres, par la maison E. Gouin et C[e] dit à fortes rampes (ces locomotives peuvent franchir des rampes de 0$^{m}$. 04, à 0$^{m}$. 05 par mètre) nous aurons le type qui nous conviendra le mieux pour le remorquage de nos wagons sur nos plus fortes rampes. Deux convois mixtes franchiront chaque jour la distance de Pondichéry à Samulputty, ce qui portera le parcours journalier à 341 kilom. soit 212 milles.

Le parcours total annuel sera de 124,465 kilom. soit 77,380 milles.

Le plus faible parcours annuel de chaque locomotive, sur les chemins Français est de 18,320 k$^{m}$. soit 11,386 milles (Rouen trains mixtes.)

En nous basant sur ces chiffres nous obtenons, pour le nombre de locomotives-tenders nécessaire pour le service de notre ligne.

$$\frac{124,465}{18,320} = 7$$

En raison des trains spéciaux qu'il y aura lieu d'organiser, lors des fêtes de Trinamallé et de Villenour, et aussi pour l'éventualité d'un second départ, avant que l'on ait eu le temps de faire venir d'Europe d'autres locomotives-tenders, nous pensons qu'il est nécessaire de porter, dès à présent, ce nombre à 12.

La répartition entre les gares et stations en serait faite ainsi qu'il suit ;

| | | | |
|---|---|---|---|
| A Pondichéry | 5 | 10 | |
| A Samulputty | 3 | | |
| A Vijoupourum | 1 | | |
| A Tiroucavelour | 1 | | |
| En marche | | | 2 |
| Total égal | | | 12 |

Pondichéry, le 18 mars 1864.

CH. DUCOS DE LA HAILLE.

ÉTABLISSEMENTS FRANÇAIS DANS L'INDE.

VILLE DE PONDICHÉRY

# CHEMIN DE FER

DE

## PONDICHÉRY AU MADRAS RAILWAY

## ÉTUDE SOMMAIRE

### 1er PROJET

**Embranchement à Samulputty, par Vijoupourum**

### DÉTAIL ESTIMATIF

# DÉTAIL ESTIMATIF.

---

## TITRE PREMIER.

### DÉPENSE DE PREMIER ÉTABLISSEMENT.

---

### CHAPITRE PREMIER.

#### PERSONNEL ET MATÉRIEL DES ÉTUDES.

ART. Ier *Personnel.*

| | F. |
|---|---|
| 1 Directeur des travaux. . . . . . . . . . . . . . . . . . . . . | 3,000 |
| 1 S. Directeur. . . . . . . . . . . . . . . . . . . . . . . . . . | 2,500 |
| 4 Chefs de section. . . . . . . . . . . . . . . . . . . . . . | 2,000 |
| 4 S. chefs de section. . . . . . . . . . . . . . . . . . . . | 800 |
| 3 Dessinateurs . . . . . . . . . . . . . . . . . . . . . . . . | 500 |
| 16 Surveillants, interprètes et expéditionnaires. . . . . | 800 |
| 6 Pions. . . . . . . . . . . . . . . . . . . . . . . . . . . . . | 100 |
| 6 Bouviers et 6 paires de bœufs à la journée. . . . . . | 220 |
| Total par mois. . . Fr. | 9,920 |

Soit pour 5 mois (Durée des études) indemnités de toute nature comprises 49,600 fr. ci. . . . . . . . . . . . . . . . . . . 49,600

ART. 2. *Matériel.*

SECTION 1re. — Instruments, outils, etc. qui seront remis aux travaux neufs lors de l'achèvement des études :

*A reporter*. . . 49,600

*Report*. . . . 49,600f

| | | |
|---|---|---|
| 4 Nivaux à bulle d'air avec stadia, tubes de rechange et pieds. . . . . . . . . . . . . . . . . . . . Fr. | 1,000 | |
| 6 Mires parlantes à nivaux sphériques. . . . . . | 200 | |
| 4 Nivaux d'eau avec pied et fioles de rechange. . | 120 | |
| 4 Mires à coulisse. . . . . . . . . . . . . . . . . . . | 100 | |
| 4 Boussoles forme montre. . . . . . . . . . . . . . . | 40 | |
| 4 Pantomètre avec lunettes plongeantes. . . . . . . | 400 | |
| 200 Jalons ferrés. . . . . . . . . . . . . . . . . . . | 250 | |
| 100 Grands bambous dressés. . . . . . . . . . . . } 100 Grands balivaux pour signaux. . . . . . . . . } | 1,000 | |
| 12 Pioches. . . . . . . . . . . . . . . . . . . . . . | 60 | |
| 12 Pinces. . . . . . . . . . . . . . . . . . . . . . . | 60 | |
| 12 Pics-à-roc. . . . . . . . . . . . . . . . . . . . | 90 | |
| 4 Brouettes. . . . . . . . . . . . . . . . . . . . . | 80 | |
| 6 Pentes. . . . . . . . . . . . . . . . . . . . . . . | 6,000 | |
| Petits bambous et bois pour les échafaudages des signaux. . . . . . . . . . . . . . . . . . . . | 600 | |
| Fr. | 10,000 | |

Ces objets après l'achèvement des études pourront être passés aux travaux neufs pour la moitié de leur valeur.

Soit à porter en dépenses. . . . . . . . . . . . . . . . 5,000

Section 2. — Objets et matériaux consommés ou n'ayant aucune valeur lors de l'achèvement des études.

| | | |
|---|---|---|
| Cordage de Kair. . . . . . . . . . . . . . . . . Fr. | 100 | |
| 1600 Piquets répères avec plaques en tôle numérotées. | 800 | |
| Bois pour piquets intermédiaires. . . . . . . . . . | 400 | |
| Outils de charpentiers et maçons. . . . . . . . . . | 100 | |
| Fournitures de bureaux etc. . . . . . . . . . . . . . | 1,000 | |
| | 2,400 | 2,400 |
| Total. . . . . . Fr. | | 57,000 |

## CHAPITRE DEUXIÈME.

### TRAVAUX NEUFS.

Direction des travaux, acquisition de terrains et indemnités diverses. — Établissement de la voie. — Terrassements et clôtures. — Ouvrages d'art. — Voie en fer. — Accessoires de la voie. — Changements et croisements de voies dans les gares et stations. — Plaques tournantes. — Passages à niveaux. — Signaux fixes. — Réservoirs pour l'alimentation des machines. — Fosses aux escarbilles. — Grues, outillage de la voie. — Édifices. — Gares. — Stations etc. — Télégraphe électrique. — Appareils, poteaux et fils. — Bornes kilom. et indicateurs des pentes et rampes. — Outillage des ateliers de réparations.

### ART. I^er *Direction des travaux.*

#### SECTION I^re *Personnel.*

Personnel des études pendant 2 ans, durée présumée des travaux (1) . . . . . . . . . . . . . . . . . . . . . . . . . . . . . Fr. 238,000

#### SECTION 2. *Matériel.*

Instruments et outils provenant des études. . . . . . . . . . . 5,000

Total. . . . . . . 243,000

### ART. 2. *Acquisitions des terrains nécessaires tant pour l'établissement de la voie que pour les gares et stations etc. et indemnités diverses pour le même objet.*

Chaussée, évitement compris, de Pondichéry à Kupan.

| | | | |
|---|---|---|---|
| 24,000$^{m2}$ | à 0^f50 | 12,000^f | |
| 16,500 | à 0,20 | 3,300 | |
| 18,000 | à 0,10 | 1,800 | |
| 25,000 | à 0,05 | 1,250 | |
| 83,000 | à 0,03 | 2,490 | |
| 62,000 | à 0,02 | 1,240 | |
| 11,000 | à 0,01 | 110 | |
| 12,000 | à 0,008 | 96 | |
| 251,500 | | 22,286^f, ci. . . . . . . . . . . . | 22,286^f |

*A reporter*. . . 22,286^f

(1) La solde des mestrys et surveillants à la journée est comprise dans le prix de revient de chaque espèce d'ouvrage.

| | | | | |
|---|---|---|---|---|
| | | *Report.* . . | 22,286f | |
| De Kupan à Samulputty, 132 hectares. | | | | |
| Indemnité de 25 francs par hectare à payer au gouvernement anglais ou aux propriétaires. . . . . . . . . | | | 3,300 | |
| 156,1500m2 | | | 25,586 | 25,586f |

Gare et Stations.

| | | | | |
|---|---|---|---|---|
| Pondichéry, superficie. . . . . | 60,000m2 | à 0f20 | 12,000 | |
| Villenour. . . . . . . . . . . . . | 1,000 | à 0,03 | 30 | |
| Kandamangalam. . . . . . . . . | 1,000 | à 0,02 | 20 | |
| Madagadipett. . . . . . . . . . . | 3,400 | à 0,02 | 68 | |
| Valvanour. . . . . . . . . . . . | 3,400 | à 0,015 | 51 | |
| Vijoupourum. . . . . . . . . . . | 5,800 | à 0,015 | 82 | |
| Kupan.. . . . . . . . . . . . . . | 3,400 | à 0,015 | 51 | |
| | 78,000 | | 12,302 | |

| | | | | | |
|---|---|---|---|---|---|
| Mogour. . . . . . | 1,000 | | | | |
| Pironeaveloure. . | 5,800 | | | | |
| Attipakam.. . . . | 3,400 | | | | |
| Nuvumputtoo. . . | 3,400 | | | | |
| Vanavaram. . . . | 1,000 | | | | |
| Radavaram. . . . | 5,400 | | | | |
| Viranum.. . . . . | 1,000 | | | | |
| Poodapollium. . . | 3,400 | | | | |
| Chungamah. . . . | 3,400 | | | | |
| Pundampett. . . . | 1,000 | | | | |
| Singarpett.. . . . | 3,400 | | | | |
| Ootoumeurrey. . . | 3,400 | | | | |
| Samulputty. . . . | 6,300 | | | | |
| Ottécolom. . . . . | 3,400 | | | | |
| | 45,300m2 | 45h300m2 à 25c | 113 | | |
| | | | 12,415 | 12,415 | |

| | | |
|---|---|---|
| Postes de cantonniers surveillants de Pondichéry à Ku- | | |
| *A reporter...* | 123,300m2 | 38,001 |

| | | | | |
|---|---|---|---|---|
| *Report*... | 123,300$^{m2}$ | | | 38,001$^{f}$ |
| an, 31 postes. . . . . . . . . | 3,100$^{m2}$ | à 0,02$^{f}$ | 60$^{f}$ | |
| De Kupan à Samulputty, 76 | 7,600 | à 25$^{f}$ l'hect. | 20 | |
| | 134,000$^{m2}$ | | 80 | 80$^{f}$ |
| | | Total. . . . . | | 38,081$^{f}$ |

ART. 3. — *Établissement de la voie.*

SECTION PREMIÈRE. — TERRASSEMENT ET CLÔTURES.

| | | |
|---|---|---|
| Déblais et remblais pour la chaussée, 115,000$^{m3}$, à un prix moyen de 0$^{f}$55. . . . | | 605,250$^{f}$ |
| Fouilles pour les rigoles. Remblais. Sable, errailles et compression comprise, 341,000$^{m}$ 0$^{f}$50. . . . . . . . . . . . . . . . | 170,500$^{f}$ | |
| Clôtures d'aloës ou raquettes actus), 341,000$^{m}$ à 0$^{f}$05. . . . . | 17,050 | |
| | 187,550 | 187,550 |

SECTION II. — OUVRAGES D'ART.

| | | |
|---|---|---|
| De Pondichéry à Vijoupourum, 356$^{m}$ couants de ponts et ponceaux à 500 fr. le mètre ourant. . . . . . . . . . . . . . . | 178,000$^{f}$ | |
| 600$^{m}$ courants de drains et potee à 1 fr., pose comprise. . . . . | 600 | |
| | 178,600 | 178,600 |
| De Vijoupourum à Samulputty, 235$^{m}$ couants de ponts et ponceaux à 250 fr. le mètre ourant. . . . . . . . . . . . . . | 58,750$^{f}$ | |
| 600 mètres courants de drains et oterie à 1 fr. . . . . . . . . . . . . | 600 | |
| | 59,350 | 59,350 |
| *A reporter*... | | 1,030,750$^{f}$ |

*Report.* . . . 1,030,750f

SECTION III. — VOIE EN FER. (1)

| | | |
|---|---|---|
| 60 kilog. de rails à 320 fr. la tonne, y compris le perçage des trous. . . . . . | 10,200 fr. | |
| 2k500 de selles à 320 fr., perçage compris. . . . . . . . . . . . . . . . | 0,800 | |
| 1k500 de fer plat pour entre-toises à 2 fr. 90, perçage compris. . . . . | 0,435 | |
| 0k425 rivets en fer doux, à 600 fr. | 0,255 | |
| Frais divers.. . . . . . . . . . . . . | 0,310 | |
| Pour 1 mètre. . . | 21,000 fr. | |
| Pour 170,500m. . . . . . . . . . . . . . . . . | 3,580,500 | |
| Transport à pied d'ouvre et pose, 170,500 X 0f30. . . . . . . . . . . . . . . . . . . . | 51,150 | |
| Total. . . | 4,662,400f | 4,662,400f |

ART. 4. — *Accessoires de la voie.*

SECTION PREMIÈRE. — CHANGEMENTS ET CROISEMENTS DE VOIES DANS LES GARES ET STATIONS.

Gare de Pondichéry,

Développement total des changements et croisements de voies et des voies pour le service du remisage et des ateliers, 1 kil., ci.. . . . . . . . . . . . . . . . . . . . 1,000m

Gare de Samulputty.

Développement total des changements, croisement de voies et des voies de service, ci.. . . . . . . . . . . 350

*A reporter.* 1,350m

(1) Toutes les pièces en fer seraient prises en Angleterre, où elles sont abriquées à bien meilleur marché qu'en France.

*Report.* . . . . . . 1,350$^{m}$

*Stations* n° 1.

Développement total des changements, croisements de voies et des voies de service, 200$^{m}$, soit pour les deux stations. . . . . . . . . . . . . . 400

*Stations n°* 2.

Développement total des changements, etc., 200$^{m}$, soit pour la station de Radavaram. . . . . . . . . . 200

*Stations* n° 3.

Développement des changements, 150$^{m}$, soit pour les dix stations. . . 1,500

*Station n°* 4.

Évitement prévu pour la station de Villenour. . . . . . . . . . . . . . . . 100

3,550$^{m}$ à

21 fr. 30 75,615$^{f}$

SECTION II. — PLAQUES TOURNANTES.

Gare de Pondichéry.

Plaques tournantes, fonte et bois, de 5$^{m}$ de diamètre. . . . . . . . . . . . . . . . . . . 5

Gare de Samulputty.

Plaques tournantes, fonte et bois, de de 5$^{m}$ de diamètre. . . . . . . . . . . . . . 3

Total. . . . 8

8 Plaques tournantes à 6,000 fr. l'une. . . 48,000

*A reporter.* . . . 123,615$^{f}$

| | *Report....* | 123,615f |
|---|---|---|

SECTION III. — PASSAGES A NIVEAU.

Poteaux et barrières.

| | | |
|---|---|---|
| Largeur de la barrière, 3m. Quatre poteaux et 6m courants de barrière en bois provenant des montagnes qui avoisinent la ligne, ferrures comprises. . . . . . . . . . . . . . . . . | 35f | |
| 12m courants de contre-rails en bois de palais. . . . . . . . . . . . . . . . . . . | 25 | |
| Total pour un passage à niveau. . . | 60 | |
| Soit pour cent passages ensemble. . . . . . . | | 6,000 |

SECTION IV. — SIGNAUX FIXES.

| | |
|---|---|
| Poteaux, planchettes, verres, mécanisme et peinture, 200 fr., soit pour seize signaux semblables.. . . . . . . . . . . . . . . . . . | 3,200 |

SECTION V. — CHATEAU D'EAU POUR L'ALIMENTATION DES MACHINES.

| | | |
|---|---|---|
| Maçonnerie du support et du bassin. . | 150f | |
| Puits. . . . . . . . . . . . . . . . . . . . | 200 | |
| Échafaudage sur le puits. . . . . . . . | 150 | |
| Total pour un château d'eau. . . . . | 500 | |
| Pour sept châteaux d'eaux semblables. . . | | 3,500 |

SECTION VI. — FOSSE AUX ESCARBILLES.

| | |
|---|---|
| 25m2 à 8 fr. l'un, 200 fr., soit pour quatre fosses semblables. . . . . . . . . . . . . . . | 800 |

SECTION VII, — GRUES POUR L'EMBARQUEMENT DES MARCHANDISES LOURDES.

| | | |
|---|---|---|
| 4 grues fonte à 5,000 fr. . . . . . . | 20,000f | |
| Installation et faux frais. . . . . . | 2,000 | |
| | 22,000 | 22,000 |
| *A reporter....* | | 159,115f |

| | | | | |
|---|---|---|---|---|
| *Report....* | | | 159,115f | |

SECTION VIII. — OUTILLAGE DE LA VOIE.

| | | | | |
|---|---|---|---|---|
| 20 vagonnets à 200 fr. . . . . . . . . | | 4,000 | | |
| 1 brouette. . . . . . . . . . . | 20f 00 | | | |
| 1 pic-à-roc. . . . . . . . . . . | 7 50 | | | |
| 1 pioche. . . . . . . . . . . . | 5 00 | | | |
| 1 pince. . . . . . . . . . . . | 5 00 | | | |
| 1 pelle fer. . . . . . . . . . . | 5 00 | | | |
| 1 règle métrique. . . . . . . . | 0 50 | | | |
| 1 cordeau de 20m. . . . . . . | 2 00 | | | |
| 1 corne ou trompe. . . . . . . | 1 00 | | | |
| | 46f 00 | | | |
| Soit pour 106 cantonniers. . . . . . | | 4,876f | | |
| | | 8,876 | 8,876 | |
| | | | 167,991 | 167,991f |

ART. 5. — *Edifices.*

SECTION PREMIÈRE. — GARES, STATIONS.

Postes de cantonniers surveillants.

GARE No 1. — PONDICHÉRY.

Bâtiment de l'Administration.

| | |
|---|---|
| Rez-de-chaussée et étage, 711 mètres superficiels à 120 fr., mobilier des bureaux compris. . . . . . . . . . . . . . . . . | 85,320f |
| 816 mètres superficiels de soubassement formant plate-forme, à 5 fr. l'un. . . . . . . . . . . . . . . . | 4,080 |
| 2 escaliers en maçonnerie. . . . . | 300 |
| 10 statues en terre cuite, à 200f l'une. . . . . . . . . . . . . . . . . | 1,000 |
| 2 petits pavillons d'une superficie totale de 32m2, à 15 fr. l'un, soit. . | 480 |
| *A reporter....* | 91,180f |

| | | |
|---|---|---|
| *Report.* . . . | 91,180f | |
| Porte et grille d'entourage du côté du boulevard, en fer creux, système Gandillot. . . . . . . . . . . | 8,820 | |
| pour mémoire | (100,000f) | |

Bâtiment des voyageurs et bureaux divers.

| | | |
|---|---|---|
| 263m2 de bâtiment avec couverture en argamasse (terrasse), à 35 fr. l'un, mobilier compris. . . . . . . . . . . . . . . . . . | 9,205f | |
| 82m2 de soubassement formant trottoir, de 3m de largeur, à 7 fr. 77 l'un. | 637 | |
| Escalier en maçonnerie. . . . . . . . | 168 | |
| | 10,010 | 10,010f |

Halle aux marchandises.

| | | |
|---|---|---|
| 263m2 de bâtiment argamassé, sans mobilier ni fermeture, à 25 fr. l'un. . . . . . . . | 6,575f | |
| 41m de soubassement formant trottoir, à 7 fr. 77 l'un. . . . . . . . . . . | 319 | |
| Escalier. . . . . . . . . . . . . . . . . | 106 | |
| | 7,000 | 7,000 |

Marquise.

| | |
|---|---|
| 865m2 à 40 fr. l'un. . . . . . . . . . . . . . . . . . | 34,600 |

Remise de locomotives et wagons.

| | |
|---|---|
| 365m2 de bâtiment couvert en tuiles creuses, charpente en palmiers, à 21 fr. l'un. . . . . | 7,665 |

Dépôt de combustible.

| | |
|---|---|
| 102m2 de bâtiment du type précédent, à 21 fr. l'un. . . . . . . . . . . . . . . . . . . . | 2,142 |

Atelier de boiserie.

| | |
|---|---|
| 522m2 de bâtiment même type, à 21 fr. . . . | 10,962 |
| *A reporter.* . | 72,379f |

| | | | |
|---|---|---|---|
| *Report.* . . . | | 72,379f | |
| Atelier de ferronnerie. | | | |
| 522m2 de bâtiment même type, à 21 fr. . . . | | 10,962 | |
| Poste de contrôleurs d'arrivée. | | | |
| 15m2 de bâtiment, couvert en tuiles creuses, à 15 fr. l'un. . . . . . . . . . . . . . . . | 225f | | |
| Barrières. . . . . . . . . . . . . . . . . | 500 | | |
| | 725 | 725 | |
| | | 84,066 | 84,066f |
| GARE N° 2. — SAMULPUTTY. | | | |
| Bâtiment des voyageurs et bureaux. | | | |
| 245m2 de bâtiment couvert en tuiles creuses, à 25 fr. l'un, soit. . . . . . . . . . . . . . . . . . | | 8,625 | |
| Halle pour les marchandises et le remisage des locomotives et wagons. | | | |
| 533m2 de bâtiment couvert en tuiles creuses, à 20 fr. l'un. . . . . . . . . . . . . . . . . . . . | | 10,660 | |
| Dépôt de combustible. | | | |
| 102m2 de bâtiment couvert en tuiles creuses, à 20 fr. l'un. . . . . . . . . . . . . . . . . . . . | | 2,040 | |
| Atelier pour les réparations. | | | |
| 400m2 de pendal, à 5 fr. l'un. . . | 2,000f | | |
| Trottoirs. . . . . . . . . . . . . . . . | 460 | | |
| Barrières. . . . . . . . . . . . . . . . | 100 | | |
| | 2,560 | 2.560 | |
| | | 23,885 | 23,885 |

**Station n° 1.**

Vijoupourum.
Piroucavelloure.

| | |
|---|---|
| *A reporter.* . . | 107,951f |

| | | |
|---|---|---|
| *Report....* | | 107,931 |

Bâtiment des voyageurs.

| | | |
|---|---|---|
| 342 m² de bâtiment couvert en tuiles creuses à 15 fr. l'un.................................... | 5,130 | |

Halle pour les marchandises et le remisage des locomotives et wagons.

| | | |
|---|---|---|
| 298 m² de bâtiment couvert en tuiles creuses à 20 fr. l'un.................................... | 5,960 | |

Dépôt de combustible.

| | | |
|---|---|---|
| 0 2 m² de bâtiment couvert en tuiles creuses à 20 fr. l'un.................................... | 2,040 | |
| Trottoir........................ | 465 | |
| Barrières........................ | 50 | |
| | 13,645 | |
| Soit pour deux stations semblables.................... | | 27,290 |

**Sation n° 2.**

Radavaram.

Bâtiment des voyageurs.

| | | |
|---|---|---|
| 342 m² de bâtiment couvert en paille de vegel à 8 fr. l'un.................... | 2,736 | |

Halle pour les marchandises et le remisage des locomotives et wagons.

| | | |
|---|---|---|
| 298 m² à 10 fr. l'un.................... | 2,980 | |

Dépôt de combustible.

| | | |
|---|---|---|
| 54 m² de bâtiment couvert en paille de vegel à 10 fr. l'un.................... | 540 | |
| Trottoirs.................... | 462 | |
| Barrières.................... | 50 | |
| | 6,768 | 6,768 |
| *A reporter....* | | 142,009f |

*Report....* 142,009

**Station n° 3.**

| | | | |
|---|---|---|---|
| Magadipett. | Bâtiment des voyageurs. | | |
| Valvanour. | 215 m2 de bâtiment couvert en paille de | | |
| Kupan. | vegel à 5 fr. l'un. . . . . . . . | 1,075 | |
| Attipakam. | Halle pour les machandises et wa- | | |
| Nuvumputoo. | gons. | | |
| Poodoopallium. | 203 m2 de bâtiment couvert en | | |
| Ottécolom. | paille de végel à 10 fr. l'un. . . | 2,030 | |
| Chungamah. | Trottoirs. . . . . . . . . . . . . . | 300 | |
| Chingarpitt. | Barrières. . . . . . . . . . . . . . | 50 | |
| Outoomeurrey. | | 3,455 | |
| Soit pour dix stations semblables. . . . . . . . . . . . . . | | | 34,550 |

**Station n° 4.**

| | | | |
|---|---|---|---|
| Villenour. | Bâtiment unique. | | |
| Handamangalam. | 66 m2 de bâtiment couvert en | | |
| Mogour. | paille à 5 fr. l'un. . . . . . . | 330 | |
| Vanaram. | Trottoirs.. . . . . . . . . . . . . | 200 | |
| Viranam. | Barrières. . . . . . . . . . . . | 20 | |
| Tundampitt. | | 550 | |
| Soit pour six stations semblables. . . . . . . . . . . . . . . | | | 3,300 |

Poste de cantonnier surveillant.
Bâtiment unique.

| | | |
|---|---|---|
| 40 m2 de bâtiment couvert en paille à 1 fr. l'un. . . . | 40 | |
| Soit pour 107 bâtiments semblables. . . . . . . . . . . . . | | 4,280 |

SECTION II. — OUTILLAGE ET ATELIERS.

Atelier de Pondichéry.

| | | |
|---|---|---|
| 2 Machines à vapeur de 15 à 20 chevaux.. . . . . | 44,000 | |
| 2 Chaudieres à vapeur pour 15 à 20 chevaux. . . | 15,000 | |
| 1 Tour à recentrer les essieux. . . . . . . . . . . . | 5,700 | |
| 1 Tour à roues des machines et wagons. . . . . . | 10,000 | |
| 1 Tour à fileter. . . . . . . . . . . . . . . . . . . . . | 1,000 | |
| *A reporter....* | 75,700 | 184,139f |

| | | |
|---|---|---|
| *Report.* . . | 75,700f | 184,139f |
| 2 Tours simples. . . . . . . . . . . . . . . . . . . . . . | 2,200 | |
| 1 Machine à aliser les cylindres. . . . . . . . . . . | 4,500 | |
| 1 — à raboter le fer et la fonte. . . . . . . . | 3,000 | |
| 1 Petite limeuse. . . . . . . . . . . . . . . . . . . . . | 1,500 | |
| 1 — machine à mortaiser. . . . . . . . . . . . . | 2,850 | |
| 1 — — à tarauder. . . . . . . . . . . . . . . . | 250 | |
| 3 — — à percer assorties. . . . . . . . . . | 2,500 | |
| 1 Scie circulaire. . . . . . . . . . . . . . . . . . . . . | 1,000 | |
| 10 Etaux d'ajusteurs assortis. . . . . . . . . . . . . | 2,500 | |
| 2 — à chaud. . . . . . . . . . . . . . . . . . . . . | 600 | |
| 10 enclumes assorties. . . . . . . . . . . . . . . . . . | 2,000 | |
| 40 m. cour. d'établis d'ajusteurs. . . . . . . . . . . | 800 | |
| 10 forges. . . . . . . . . . . . . . . . . . . . . . . . . . | 2,000 | |
| Outils divers. . . . . . . . . . . . . . . . . . . . . . . | 4,500 | |
| Somme à valoir pour transmission de mouvements et installation des machines. . . . . . . . | 12,000 | |
| | 116,000f | 116,000 |

Atelier de Samulputty.

| | |
|---|---|
| Prévision pour achat d'outils et installation diverses. . . . | 30,000 |

SECTION III. — TÉLÉGRAPHE ÉLECTRIQUE.

Appareils.

| | | | |
|---|---|---|---|
| Pondichéry.<br>Vijoupourum.<br>Piroucaveloure.<br>Radavaram.<br>Samulputty. | 1 appareil à cadran, 2,000<br>pour 5 appareils à cadran,<br>poteaux et fils. . . . . . . | <br>10,000<br>53,000 | |
| | | 63,000 | 63,000 |

SECTION IV.

| | |
|---|---|
| Bornes kilom. et indicateurs des pentes et rampes. . . . . | 1,833 |
| | 394,972f |

## CHAPITRE III.

### MATÉRIEL ROULANT.

#### Art. premier. *Wagons.*

| | | | | |
|---|---|---|---|---|
| 70 | wagons pour marchandises, bestiaux, bagage et ballast à.. | 3,000 | 210,000f | |
| 40 | — de la troisième classe à. . | 4,000 | 160,000 | |
| 20 | — de la deuxième classe à. . | 5,000 | 100,000 | |
| 0 | — de la première classe à. . | 6,000 | 60,000 | |
| | | | 530,000f | 530,000f |

#### Art. 2. *Locomotive-tenders.*

| | |
|---|---|
| 7 locomotives-tenders à 4,500 fr. l'une.. . . . . . . . . . | 315,000 |
| | 845,000f |

#### *Ensemble du Titre premier.*

| | | |
|---|---|---|
| Chapitre 1er. Etudes | 57,000f | |
| — 2. Travaux neufs | 5,506,444 | |
| — 3. Matériel roulant | 845,000 | |
| Somme à valoir pour travaux.. | 6,408,444f | |
| Imprévus et articles oubliés.... | 412,860 | |
| Avances et roulement de fonds pendant la construction...... | 570,000 | |
| | 7,391,304f | |
| Soit par kilom. 43,350 fr. ou 17,340 roupies. | | |
| — — mille 69,730 fr. ou 27,892 — | | |
| Bénéfice de l'entreprise, 15 p. 0/0......... | 1,108,696 | |
| Montant total de la dépense de premier établissement.... | | 8,500,000 |
| Soit par kilom. 49,854 fr. ou 19,932 roupies | | |
| — — mille 80,188 fr. ou 32,075 — | | |
| Ajoutant un bâtiment pour le siége de l'administration | 100,000 | |
| *A reporter.* | 100,000f | 8,500,000f |

| | | |
|---|---|---|
| *Report*.... | 100,000f | 8,500,000f |
| 5 locomotives-tenders en prévision d'un second départ.................................. | 225,000 | |
| 40 wagons à marchandises.................. | 120,000 | |
| | 445,000 | |
| Bénéfices, avances et roulement de fonds ..... | 55,000 | |
| | 500,000 | 500,000f |
| Total de toutes les prévisions pour frais de premier établissement.............................................. | | 9,000,000f |

Soit par kilom. 52,527 fr. ou 21,091 Rs
— — mille 84,906 fr. ou 33,962 R.

## TITRE II.

### ENTRETIEN ET EXPLOITATION.

### CHAPITRE PREMIER.

#### ENTRETIEN DE LA VOIE, DES VOIES ACCESSOIRES, ETC., DES ÉDIFICES ET DU MATÉRIEL ROULANT.

ARTICLE PREMIER. *Entretien de la voie, des voies accessoires, plaques tournantes, etc.*

| | | |
|---|---|---|
| Entretien de la voie, des voies accessoires, plaques tournantes, etc., etc.............................. | | 40,000 |

ART. 2. *Edifices.*

| | | |
|---|---|---|
| Entretien des gares, stations, postes de cantonnier surveillant.................................. | | 20,000 |

ART. 3. *Matériel roulant.*

SECTION PREMIÈRE. WAGONS.

| | | |
|---|---|---|
| Entretien de 140 wagons............. | 12,000 | |
| *A reporter*.... | 12,000f | 60,000f |

*Report*...... 12,000f 60,000f

SECTION II. TRACTION.

Les frais de traction par kilomètre parcouru par locomotive comprenant frais de régie, personnel, mécaniciens et chauffeurs, combustible, graissage et nettoyage, dépenses diverses, entretien des locomotives et tenders sont descendus sur plusieurs chemins français à 1 fr. 30 maximum, à 1 fr. 05 minimum.

Sur notre ligne nous restons en dessous de 1 fr. 05, parce que l'on pourra employer avec le coke, pour le chauffage des locomotives, du bois coupé dans les jungles, dont le prix de revient est relativement minime.

Toutefois, pour parer à toutes les éventualités, nous admettons le chiffre de 1 fr. 05.

| | | | |
|---|---|---|---|
| 365 × 170,5 × 2 × 1,05 = | 130,690 | | |
| | 142,690f | 142,690 | |
| | | 202,690f | 202,690f |

## CHAPITRE II.

### EXPLOITATION. PERSONNEL DE L'ADMINISTRATION, DE LA LIGNE, DES GARES, DE LA TRACTION. FRAIS DIVERS.

#### Art. 1er. *Administration.*

| | | |
|---|---|---|
| 1 Administrateur................ | 12,000 | |
| 3 employés européens.......... | 9,000 | |
| 6 employés indiens............ | 3,600 | |
| *A reporter*..... | 24,600f | 24,600 |

| | | |
|---|---|---|
| *Report*.... | 24,600f | 24,600f |

ART. 2. *Service de la ligne.*

SECTION 1re. INSPECTION.

| | | |
|---|---|---|
| 1 Inspecteur de la ligne. . . . . . . . . . . | 8,000 | |
| 2 commis indiens . . . . . . . . . . . . . . . | 1,000 | |
| | 9,000 | 9,000 |

SECTION 2. POLICE.

| | | |
|---|---|---|
| 2 Commissaires . . . . . . . . . . . . . . . . | 10,000 | |
| 5 agents . . . . . . . . . . . . . . . . . . . . | 5,000 | |
| 21 pions . . . . . . . . . . . . . . . . . . . . | 3,780 | |
| | 18,780 | 18,780 |

ART. 3. *Services des gares et stations.*

| | | |
|---|---|---|
| 2 chefs de gare. . . . . . . . . . . . . . . . | 10,000 | |
| 2 sous-chefs de gare . . . . . . . . . . . . | 6,000 | |
| 3 chefs de station (n° 1 et 2). . . . . . . . | 9,000 | |
| 3 sous-chefs de station. . . . . . . . . . . | 3,000 | |
| 10 chefs de station (nr 3). . . . . . . . . . | 8,000 | |
| 6 chefs de station (n° 4). . . . . . . . . . . | 3,000 | |
| 12 commis distributeurs des billets contrôleurs d'arrivée et de départ . . . . . | 480 | |
| 8 conducteurs de trains. . . . . . . . . . . | 8,000 | |
| 10 commis pour les marchandises et bagages. . . . . . . . . . . . . . . . . . . . . | 5,000 | |
| 100 hommes d'équipe, aiguilleurs, etc. . | 18,000 | |
| | 70,480 | 70,480 |

ART. 4. *Service de l'entretien.*

| | | |
|---|---|---|
| 1 chef de service. . . . . . . . . . . . . . . | 12,000 | |
| 1 sous-chef de service . . . . . . . . . . . . | 8,000 | |
| 4 chefs de section . . . . . . . . . . . . . . | 24,000 | |
| 6 employés. . . . . . . . . . . . . . . . . . . | 6,000 | |
| 6 pions . . . . . . . . . . . . . . . . . . . . . | 1,100 | |
| 107 cantonniers-surveillants . . . . . . . . | 19,260 | |
| | 70,360 | 70,360 |
| *A reporter*..... | | 193,220f |

*Report*...... 193,220f

Art. 5. *Service de la traction.*

| | | |
|---|---|---|
| ingénieur mécanicien ............ | 10,000 | |
| maître mécanicien............. | 6,000 | |
| contre-maîtres (fer et bois)........ | 8,000 | |
| ouvriers (fer et bois)............ | 12,000 | 36,000 |
| Art. 6. *Frais divers* ...... | | 19,000 |
| Total ...... | | 248,220f 248,220f |

*Ensemble du Titre II.*

| | | |
|---|---|---|
| hapitre 1er. Entretien.................. | 202,690 | |
| hapitre 2. Exploitation ................ | 248,220 | |
| Total ...... | 450,910f | 450,910f |

Soit par kilomètre 2,645f00 ou 1056 roupies.

Soit par mille 4,254f00 ou 1702 roupies.

La dépense de 1er établissement, si l'on ne comprend pas le bénéfice 'entreprise, est de 7,391,304 fr., soit :

par kilom. 43,350 fr. ou 17,340 roupies,

par mille 69,730 fr. ou 27,892 roupies.

Si l'on comprend un bénéfice de 15 0/0 sur les débours de toute na-ıre, le montant total de la dépense de 1er établissement se trouve ɔrté à 8,500,000 francs,

le kilom. à 49,854 fr. ou 19,932 roupies,

le mille à 80,188 fr. ou 32,075 roupies.

Si l'on veut prévoir dès à présent la construction d'un bâtiment pour siége de l'administration, et un nombre suffisant de locomotives 2) et de wagons à marchandises (100) pour le cas d'un second dé-ırt, il convient d'augmenter de 500,000 fr. la somme de 8,500,000 fr. Alors le montant total des frais de premier établissement eu égard à ɔutes les prévisions de dépenses arriverait à 9,000,000 de francs, soit ɔupies 3,600,000.

Le kilom. 52,527 fr. ou 21,091 roupies,

Le mille 84,906 fr. ou 33,962 roupies.

Nous allons examiner successivement le trafic nécessaire, sur notre ligne, pour garantir un intérêt de 5 0/0 aux actionnaires en prenant pour point de départ ces trois sommes :

7,391,304 fr.
8,500,000 fr.
9,000,000 fr.

1° 7,391,304, dont le 5 0/0 est de . . . . . . . . . . . . . 369,565 fr.
Montant de l'entretien et de l'exploitation . . . . . . . . . . 450,910 fr.

Produit brut à réaliser . . . . . . . . . . . . . . . . . . . . . 820,475 fr.

En prenant pour prix moyen du transport des marchandises 0f15 par mille (12 caches), soit 0f09375 par kilom. et par tonne.

Le trafic en tonnes sera de

$$\frac{820475}{0,09375 \times 170,5 \times 365} = 141 \text{ tonnes par jour,}$$

soit 51,465 tonnes par année, pour l'aller et le retour. En admettant un seul départ par jour, il faudrait chaque jour 28 wagons à marchandises en chargeant ces wagons de 5 tonnes de poids utile.

2° 8,500,000 fr., dont le 5 0/0 est de . . . . . . . . . . 425,000 fr.
Montant de l'entretien et de l'exploitation . . . . . . . . . . 450,910 fr.

Produit brut à réaliser . . . . . . . . . . . . . . . . . . . . . 875,910 fr.

$$\frac{875,910^{f}}{0,09375 \times 170,5 \times 365} = 150$$ tonnes, soit 54,750 tonnes par année pour l'aller et le retour, ce qui nécessiterait chaque jour l'emploi de 30 wagons à marchandises.

3° 9,000,000 fr., dont le 5 0/0 est de. . . . . . . . . . . 450,000 fr.
Montant de l'entretien et de l'exploitation . . . . . . . . . . 450,910 fr.

Produit brut à réaliser . . . . . . . . . . . . . . . . . . . . . 900,910 fr.

$$\frac{900,910}{0,09375 \times 170,5 \times 365} = 155$$ tonnes, soit 56,575 tonnes par année pour l'aller et le retour. Il faudrait dans ce cas 31 wagons chaque jour.

Pondichéry, le 18 mars 1864.

CH. DUCOS DE LA HAILLE.



Paris. — Imprimerie de VALDER, 44, rue Bonaparte.

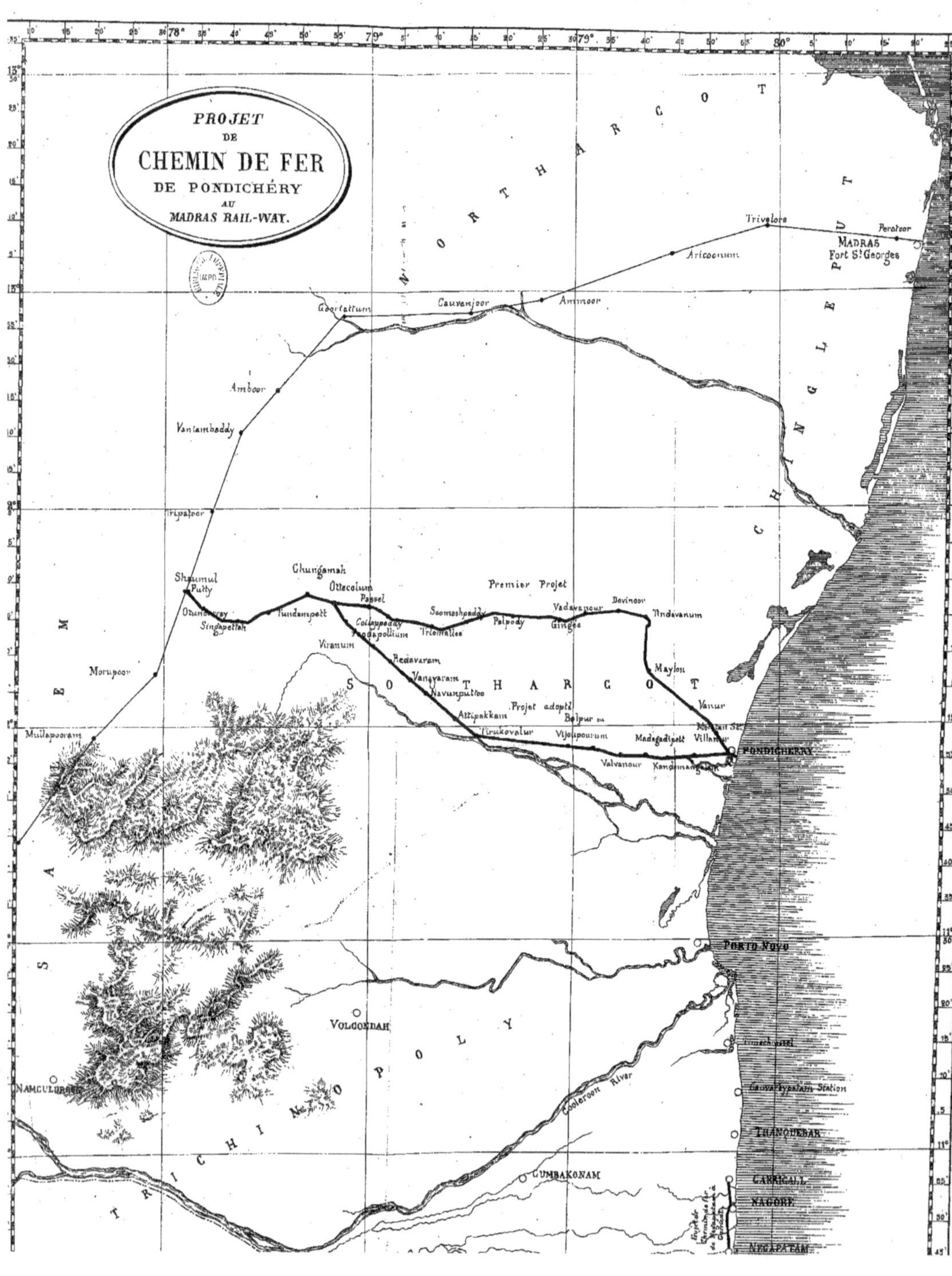
PROJET
DE
CHEMIN DE FER
DE PONDICHÉRY
AU
MADRAS RAIL-WAY.
NORTH ARCOT
SOUTH ARCOT
CHINGLEPUT
TRICHINOPOLY
MADRAS
Fort St Georges
Trivelore
Peratoor
Aricoonum
Ammoor
Cauvanjoor
Goortattum
Amboor
Vaniambaddy
Tripatoor
Shaumul Putty
Morupoor
Muilapooram
Chungamah
Ottecolum
Passel
Tundampett
Singapettah
Premier Projet
Soomoshpaddy
Palpody
Vadavanour
Devinoor
Gingee
Tindevanum
Trlomalles
Viranum
Redavaram
Vanayaram
Navunputtoo
Attipakkam
Tirukovalur
Projet adopté
Maylon
Vanur
PONDICHERRY
Valvanour
Madagadipett
PORTO NOVO
VOLCONDAH
NAMCULURGHI
Coleroon River
Tranquebar
THANQUEBAR
CUMBAKONAM
CARRICALL
NAGORE
NEGAPATAM

www.ingramcontent.com/pod-product-compliance
Lightning Source LLC
LaVergne TN
LVHW020336230826
846091LV00003B/899

* 9 7 8 2 0 1 2 9 9 5 9 3 2 *